70 ORAÇÕES

para encorajar o viver

CANÍSIO MAYER

70 ORAÇÕES para encorajar o viver

EDITORA
SANTUÁRIO

Coordenação editorial: Ana Lúcia de Castro Leite

Copidesque: Sofia Machado

Revisão: Ana Lúcia de Castro Leite

Diagramação e capa: Bruno Olivoto

Dados Internacionais de Catalogação na Publicação (CIP) de acordo com ISBD

M468s Mayer, Canísio

70 orações para encorajar o viver / Canísio Mayer. - Aparecida : Editora Santuário, 2021.
136 p. ; 14cm x 21cm.

ISBN: 978-65-5527-154-6

1. Religião. 2. Cristianismo. 3. Oração. I. Título.

2021-4063 CDD 242
CDU 243

Elaborado por Vagner Rodolfo da Silva - CRB-8/9410

Índice para catálogo sistemático:
1. Religião : Cristianismo : Oração 242
2. Religião : Cristianismo : Oração 243

1ª impressão

Rua Pe. Claro Monteiro, 342 – 12570-000 – Aparecida-SP
Tel.: 12 3104-2000 – Televendas: 0800 0 16 00 04
www.editorasantuario.com.br
vendas@editorasantuario.com.br

PRIMEIRAS PALAVRAS

"FAZER tudo como se tudo dependesse de nós e, ao mesmo tempo, CONFIAR em Deus como se tudo dependesse dele."
(Inácio de Loyola)

70 ORAÇÕES PARA ENCORAJAR O VIVER — Segundo alguns biblistas, o número 70 aparece 96 vezes em seus livros. Aqui cito apenas três: no livro do Êxodo (15,27), por exemplo, diz que havia 70 palmeiras que serviam de sombra para o povo de Deus no deserto; no livro de Daniel (9,2), novamente, esse número aparece afirmando que a liberdade veio ao povo de Israel depois de 70 anos de cativeiro; e no Novo Testamento, precisamente no Evangelho de Lucas (10,1), Jesus designa outros 70 discípulos para que evangelizem as cidades e os lugares para onde Ele mesmo deveria ir. São discípulos multiplicadores em missão.

Relaciono essas três citações com as 70 orações que compõem este livro. De forma poética, podemos dizer que essas 70 orações são 70 palmeiras para paradas de vida, como aconchego e descanso; são orações que vão ao encontro de sua liberdade mais profunda. As 70 orações desejam despertar nas pessoas, nos casais, nas famílias, nos grupos e nas comunidades uma consciência de comunhão e de continuação da missão do Mestre.

As orações têm como seiva, como graça e como força propulsora a coragem, a confiança e a esperança. É curiosa a constatação de que nos livros bíblicos a expressão "não tenha medo" aparece 365 vezes. Dá conotação de uma convocação à coragem em cada um dos 365 dias do ano.

A força da coragem se revela quando nossa fé está no Deus da vida e quando sentimos em nossa ação diária os desejos de sua presença encorajadora. Mergulhemos na força de algumas citações que revelam essa forma de ser do Criador em nossa vida: "Sejam fortes e corajosos. Não tenham medo nem fiquem apavorados... O Senhor, o seu Deus, vai com vocês e nunca vos abandonará" (Deuteronômio 31,6); "Seja forte e corajoso! O Senhor, o seu Deus, estará com você por onde você andar" (Josué 1,9); "Seja forte! Coragem! Espere no Senhor" (Salmo 27,14); "Seja forte e corajoso! Mãos ao trabalho" (1 Crônicas 28,20); "Não tenha medo, pois eu estou contigo" (Isaías 43,5); "Coragem, Paulo" (Atos dos Apóstolos 23,11); "Estejam vigilantes, mantenham-se firmes na fé, tenham coragem, sejam fortes" (1 Coríntios 16,13).

Faça bom proveito destas orações, destes 70 encorajamentos. Que elas despertem e desafiem a coragem na missão, a coragem no perdão, a coragem em estender as mãos, a coragem nas relações e no amor.

Eis o que diz aquele que o criou e o encoraja na força de seu espírito vivificador: "Não temas, porque eu te resgatei, chamei-te pelo teu nome: Tu és meu. Quando passares pela água, estarei contigo. Quando passares rios, eles não te submergirão. Quando andares pelo fogo, não te queimarás, a chama não te atingirá... Pois que és precioso aos seus olhos e eu te amo... Não temas porque estou contigo" (Tradução Ecumênica da Bíblia — Isaías 43,1-7).

"Tudo posso naquele que me fortalece."
(Filipenses 4,13)

APRESENTAÇÕES

"Oh, pedra! Saia desse mundo amorfo, sem nexo, cego, frio, trivial, superficial, rancoroso, de propósitos duvidosos, feio até o cerne! Onde está você, flor de tons e semitons? Pedra? Flor?

Quem é você, pedra flor? Oh, pedra! Em que esfera do tempo perdeu a flor, a cor, a luz, o calor? Onde está a música da flor que dá sentido à vida, o ritmo, o compasso, a harmonia, o fervor? Onde está a luz para encontrar a flor, a cor, o calor, o amor? Oh, pedra! Quando tornar-se-á flor? Este é o dia!

70 orações para encorajar a vida é mais uma bela obra de Canísio Mayer que nos convida a parar e mergulhar, refletir e mudar. É um livro que ilumina a nossa alma e faz pedra tornar-se flor."

Sonia Del Nero
Psicóloga, Escritora, Artista Plástica e Perita Judicial

"Muitas vezes temos dificuldade de enxergar a vida que nos cerca. Dificuldades que são ampliadas pelo estresse, pelo trabalho excessivo e pelos problemas corriqueiros do cotidiano. Este livro traz essa magia de voltar a nosso interior. Devolve-nos a capacidade de vivenciar a essência da fé, da beleza, da coragem, do amor...

O autor Canísio Mayer é uma pessoa iluminada, que nos presenteia com 70 importantes orações, verdadeiras lamparinas para nossa vida. Será um livro de cabeceira e que poderá nos acompanhar, oferecendo reflexões para os mais variados momentos. Leitura com reflexões profundas e de qualidade, especial para quem tem coração!"

Márcia Cristina Camargo de Souza
Educadora e Coordenadora

"Em suas 70 orações, Canísio Mayer mostra que seu coração e sua ação são movidos por uma profunda mística de vida. Por essas orações somos levados a um novo olhar, novos jardins, novos horizontes e um novo amanhecer.

São orações perpassadas por uma espiritualidade engajada e encorajadora. A meditação de cada uma de suas orações deixará nossa alma leve, o coração abrasado e a missão mais pé no chão.

Torço para que este livro possa semear muitas sementes em muitos corações e que essas sementes de esperança ajudem a dar novas cores ao viver."

Maria de Lourdes dos Reis Costa
Psicóloga e Educadora

"Fiquei muito impressionada com as orações deste livro, que nascem de um coração apaixonante, como são as vibrações no coração do Canísio. Ele é muito observador e profundo, por isso consegue transformar em preces tudo o que deseja irromper em nossa vida. A leitura e reflexão dessas orações nos levam para experiências místicas, eternamente novas e provocativas."

Kanchan Maradan
Bailarina Indiana

1
DO MESMO FOGO

"Chegará o dia em que, depois de utilizar o espaço, os ventos, a maré e a gravidade, o homem vai implorar a Deus para utilizar a energia do amor. E neste dia, pela segunda vez na história do mundo, teremos descoberto o fogo."
(Pierre Teillard De Chardin)

A confiança que se move em mim
saúda o Deus que vive em você.

O olhar que dialoga dentro de mim
compreende os sentimentos que ressoam em você.

O amor que se comunica em mim
conecta a esperança que sorri em você.

A liberdade que se arrisca dentro de mim
junta-se à coragem que decola em você.

A ternura que transborda em mim
plenifica o carinho que transcende em você.

O entusiasmo que pinta páginas de vida dentro de mim
perfuma a confiança que exala em você.

O talento que se supera em mim
gosta do caráter que é luz em você.

A centelha de confiança que me aquece dentro de mim
é da mesma chama que acende um fogo em você.

Os sonhos que criam raízes em mim
são as árvores que ainda são sementes em você.

"Ninguém oferece flores. A flor em sua fugaz existência já é oferenda. Talvez, alguém, de amor, se ofereça em flor. Mas só a semente oferece flores."

(Mia Couto)

2
BRILHOS DE LUZ

"A vida é um hino. Cante-o!"
(Teresa de Calcutá)

Vinde luz do amanhecer, que de forma implacável, dissipa a escuridão.
Vinde luz da intuição, que de forma inesperada, desperta o coração.

Vinde luz da confiança, que de forma silenciosa, espalha claridade sobre o nosso chão.
Vinde luz do Sol, que de forma gratuita, concede vida a cada estação.

Vinde luz da esperança, que de forma atraente, significa nossa realização.
Vinde luz da coragem, que de forma humilde, agradece e nos coloca em ação.

Vinde luz das estrelas, que de forma sublime, faz-nos sentir uma constelação.
Vinde luz da fé, que de forma persistente, encoraja nossos passos,
Estende nossas mãos e nos faz comunhão. Amém.

"Vinde a mim vós todos que estais cansados e sobrecarregados e eu vos aliviarei."
(Mateus 11,28)

3
CORAGEM APRENDIZ

"A bondade humana é uma chama que pode ser oculta, jamais extinta."
(Nelson Mandela)

Senhor, que eu aprenda a contemplar mais e observar menos,
silenciar mais e falar menos.
Que eu saiba engrandecer mais e pedir menos,
comprometer-me mais e criticar menos.

Que eu aprenda a sentir mais e racionalizar menos,
acreditar mais e desanimar menos.
Que eu consiga confiar mais e temer menos,
decidir mais e protelar menos.

Senhor, que eu saiba aproximar mais e afastar menos,
conviver mais e esperar menos.
Que eu consiga imaginar mais e esperar menos,
criar mais e imitar menos.

Que eu consiga realizar mais e comentar menos,
agir mais e reagir menos.
Que eu saiba perdoar mais e ressentir menos,
realizar mais e sofrer menos.

Senhor, que eu consiga surpreender mais e me acomodar menos,
sensibilizar mais e culpar menos.
Que eu aprenda a solucionar mais e reclamar menos,
aprofundar mais e artificializar menos.

Por fim, Senhor! Que eu saiba resistir mais e desanimar menos,
persistir mais e lamentar menos.
Que eu consiga solidarizar mais e classificar menos e
que eu agradeça muito mais para ser sempre mais.

"Eu acredito na força da fé. E tenho constatado que, quanto mais eu acredito, mais força ela ganha em mim."

(Edna Frigato)

4
CORES DA HUMILDADE

"Meus sentimentos são como minha impressão digital,
como a cor de meus olhos e o tom de minha voz:
únicos e irrepetíveis"
(John Powell)

Diante de tua sabedoria, Senhor, peço-te...
Humildade para aprender com os mais simples,
grandeza para partilhar o que a vida me deu
e coragem para deixar-me guiar por tua sabedoria.

Senhor, eu te peço...
Sensibilidade para contemplar,
generosidade para tolerar e
docilidade para aprender.

Senhor, concede-me...
Humildade para agradecer,
grandeza para compreender e
coragem para reconhecer.

Senhor, eu te peço...
Sensibilidade para cuidar dos amigos,
generosidade para ser um bom amigo e
docilidade para acolher novos amigos.

Diante de teu amor, Senhor, eu te peço...
Humildade para pedir desculpas,
grandeza para perdoar e
coragem para continuar.

Dai-me, Senhor, humildade para sentir tua grandeza e
fazei-me ter sensibilidade para viver na generosidade.

Dai-me a grandeza dos corajosos e a generosidade das pessoas dóceis.
Dai-me a coragem para viver profundamente agradecido e dai-me humildade e docilidade para nunca perder a sensibilidade.

"Sabe o que eu quero de verdade? Jamais perder a sensibilidade, mesmo que às vezes ela arranhe um pouco a alma. Porque sem ela não poderia sentir a mim mesma."

(Clarice Lispector)

5
EM TUA PRESENÇA

"Não devemos permitir que alguém saia de nossa presença sem se sentir melhor e mais feliz."
(Madre Teresa de Calcutá)

Senhor, em tua presença sempre existe um horizonte e uma luz,
sempre existe um olhar amigo e uma mão que nos conduz.

Em tua presença é possível escutar o silêncio que escuta e fala,
é possível sentir um chamado que nos convoca e conclama.

Em tua presença, Senhor, sempre faz dia e tudo brilha na simplicidade,
sempre existem desejos que apontam para novas possibilidades.

Em tua presença é possível preparar a terra e plantar sementes,
é possível mergulhar em corações e abrir as mentes.

Senhor, em tua presença sempre há presença de amigos e confiança,
sempre há ressonância da fé e persistência na esperança.

Em tua presença existem fontes e horizontes, cores e flores.
Em tua presença existe a força da vida e tudo é possível.

"Tem gente que tem cheiro de passarinho quando canta. De Sol quando acorda. De flor quando ri. Ao lado delas, a gente se sente no balanço de uma rede que dança gostoso, numa tarde grande, sem relógio e sem agenda."

(Carlos Drummond de Andrade)

6
QUE EU COMPREENDA

"As mãos que ajudam são mais sagradas que os lábios que rezam."
(Madre Teresa de Calcutá)

Senhor da vida e da história, faça-me compreender que a luz do dia é mais potente que a escuridão da noite e que a resistência no bem é bem mais forte que a prepotência do mal.

Faça-me compreender que a coragem de amar
é mais potente que a tentação do medo e
que todo gesto de amor e de generosidade
é mais forte que o egoísmo e a falsa segurança.

Senhor da vida, faça-me mergulhar e compreender
que o momento presente é o melhor instante do viver!
Faça-me acreditar que a ternura pode ser firme e séria
e a seriedade pode ser terna e profundamente afetiva!

Senhor, faça-me compreender que a verdade e a justiça
são expressões vivas do amor
e que o verdadeiro amor sempre respeito e é justo!
Faça-me viver e acreditar que a espiritualidade deve motivar nossa missão.

Senhor da vida e da história, faça sinal de teu amor na vida,
faça-me compreender que o silêncio, que escuta e compreende,
é uma manifestação de amor.

Faça-me compreender que o coração existe para vibrar e pulsar vida,
que os olhos existem para brilhar, os pés para avançar e
as mãos para afagar, abraçar, aproximar e solidarizar.

"A mão que afaga é a mesma que apedreja."

(Augusto dos Anjos)

7
NO DIA DE HOJE

"Se nada de estranho te surpreendeu durante o dia,
é porque não houve dia."
(John Archibald)

No dia de hoje te peço, Senhor...
Docilidade no escutar e simplicidade no falar,
alegria no conviver e humildade para aprender,
persistência para crescer e resiliência para me superar.

Hoje te peço, Senhor...
Conhecimento na forma de proceder,
sabedoria na arte de compreender
e boas atitudes para em tudo surpreender.

Ajuda-me, Senhor, a ter no dia de hoje...
Atitudes ternas e firmes,
valores maleáveis e consistentes
e convicções internas e transformadoras.

Eu te peço, Senhor...
Fé para persistir,
liberdade para decidir
e coração leve para sorrir... e seguir.

"Tomai, Senhor, e recebei toda a minha liberdade. Minha memória, meu entendimento e toda a minha vontade, tudo o que tenho e possuo vós me destes. A Vós, Senhor, o restituo. Tudo é vosso, disponde de tudo, a vossa inteira vontade. Dai-me vosso amor e graça, que esta me basta."
(Inácio de Loyola)

8
SER PRÓXIMO

“No dia de minha morte eu gostaria que alguém mencionasse que eu tentei dar minha vida a serviço dos outros, eu tentei amar alguém. No dia de minha morte eu gostaria que alguém mencionasse que eu tentei ser honesto e caminhar com o próximo.”
(Martin Luther King)

Senhor, meditando tua Palavra descobri...
Que meu próximo não é somente quem está perto
nem quem faz parte de meus grupos.

Descobri que meu próximo...
Não é quem já foi importante no passado
nem, necessariamente, quem mora debaixo do mesmo teto.

Descobri, Senhor...
Que meu próximo é aquele por quem eu me preocupo e
por quem eu tenho atitude de aproximação, de empatia
e de solidariedade.

Descobri, Senhor...
Que meu próximo é quem ocupa um lugar especial
dentro de mim e
de quem eu decido continuamente me importar.

Senhor...
Ser próximo é decisão e aproximação.
Ser próximo é paixão de um apaixonado coração... em ação.

"No dia de minha morte eu gostaria que alguém mencionasse que eu tentei visitar os que estavam na prisão, eu tentei vestir um mendigo, eu tentei amar e servir a humanidade. Sim, se quiserem dizer algo digam que eu fui arauto: arauto da justiça, arauto da paz, arauto do direito. Todas as outras coisas triviais não têm importância."

(Martin Luther King)

9
SENTIR COM OS OLHOS

"Gosto de quem descobre tempo, por mais ocupações que tenha, para contemplar uma árvore, saudar o Sol que se põe, contemplar as estrelas."
(Hélder Câmara)

Senhor, como é bom...
Ver pontes nos olhares e nos mares!
Imaginar árvores e bosques nas sementes colhidas!
Contemplar espelhos nos sorrisos e nas janelas, nos improvisos!

Como é bom, Senhor...
Ver a esperança confiante em cada dor!
Imaginar cores em cada jardim em flor!
Contemplar rios fazendo seu caminho e desembocando no mar!

Senhor, quero continuar contemplando...
As belezas e poesias no encantamento!
As estrelas e os brilhos no firmamento!
A grandeza da vida presente em cada momento!

Como é bom...
Ver o romantismo em noites de luar!
Imaginar primaveras na arte de amar!
Contemplar transformações na arte do contemplar!

Quero continuar contemplando, Senhor...
Histórias em todas as idades!
Novidades em diferentes sensibilidades!
Possibilidades a partir de corações que pulsam na realidade!

Desejo e quero continuar contemplando...

O despertar em cada amanhecer!
A musicalidade em cada entardecer!
A confiança que encoraja e faz compreender e agradecer!

Senhor, quero continuar contemplando...

As borboletas livres no tempo e decolando na leveza,
o entusiasmo, que dá novas cores e relativiza
nossas certezas, e
sentir o amor que impulsiona gestos de gentileza!

"Lutam melhor aqueles que têm sonhos belos. Somente aqueles que contemplam a beleza são capazes de endurecer sem nunca perder a ternura."

(Rubem Alves)

10
NÃO PEÇA PERDÃO

"Seja você, independentemente do que possam pensar, achar ou dizer...
só se queira bem. O resto que se ame."
(Mateus Santana)

Não peça perdão por você ser você mesmo,
nem por ter opinião própria.
Não peça perdão por sonhar acordado,
nem por ser amigo da verdade.

Não peça perdão por ponderar antes de decidir,
nem por pensar antes de responder.
Não peça perdão por ser paciente na fragilidade,
nem pela experiência adquirida ao longo das idades.

Não peça perdão por viver o melhor de cada estação,
nem por estar comprometido com uma nova civilização.
Não peça perdão por ousar tomar decisões,
nem por encaminhar soluções.

Não peça perdão por caber na beleza da delicadeza,
nem por viver o dia a dia na gentileza.
Não peça perdão por ter prioridade,
nem por afirmar a ética da responsabilidade.

Não peça perdão por ser prudente,
Nem por ser parceiro de pessoas contentes.
Não peça perdão por construir pontes,
nem por se arriscar em novos horizontes.

Não peça perdão por ter talento para ganhar,
nem por ter classe e caráter ao perder.
Não peça perdão por ser generoso no amar,
nem por ser corajoso para deixar-se amar.

"Não cobre amor, que amor não é cobre – é ouro. Não peça amor, que amor não é peça – é todo. Mas chama, chama amor, que amor é chama – é fogo."

(C. Lemos)

11
HOJE CONVERSEI

"Eu vi uma luta da qual o homem não pode vencer, a luta contra a lágrima."
(Marlon Riberio Teixeira)

Hoje, conversei com as estrelas e a resposta foi um banho suave de brisa.
Contemplei o horizonte e nele eu vi o brilho de muitos olhares.

Hoje, conversei com a Lua e ela me revelou como é bom amar.
Confiei no céu nublado e ele entendeu minha dor.

Hoje, conversei com o pôr do sol e ele me fez repousar.
Internalizei um ar puro e a paz consegui sintonizar.

Hoje, conversei com meu coração e ele me fez confiar.
Interagi com várias pessoas e com todas elas aprendi a escutar.

Hoje, conversei com o passado e novas lições de vida consegui captar.
Sentei junto ao fogo e com ele comecei a me purificar.

Hoje, conversei com a saudade e senti lágrimas deslizarem por meu rosto.
Recordei belas lembranças do coração e a emoção me deu um beijo de gratidão.

Hoje, conversei com o mar e nele eu vi o Sol se espelhar.
Vi algumas nuvens a passar e muitas aves a voar.

"Eu vi vencedores nos olhos de muitos derrotados.
Dignidade é tudo."
(Sérgio Vaz)

12
DESPERTADOR E SETA INDICATIVA

"O nosso amor ao próximo é a medida do nosso amor a Deus."
(Edith Stein)

Senhor, fazei-me despertador...
De sonhos ainda não acordados,
de uma vontade ainda não orientada e
de valores ainda não bem focados.

Senhor, fazei-me despertador...
De uma esperança ainda sem ressonância,
de desejos ainda sem raízes e
de sentimentos ainda não alfabetizados.

Senhor, fazei-me seta indicativa...
De possibilidades possíveis,
de conquistas imagináveis e
de superação de limites aparentemente intransponíveis.

Senhor, fazei-me seta indicativa...
Do amanhã acontecendo no hoje,
do perdão que renova e humaniza e
da fé capaz de remover montanhas.

"Lágrimas de filhos são setas nos corações dos pais."
(Félix Lope de Veja)

13
FAZEI-ME UM INSTANTE DO INFINITO

"A vida é como um tapete. A cor e o tecido já vêm prontos, mas é você quem vai tecê-lo."
(Provérbio Árabe)

Senhor, desejo ser um instante do infinito...
Ensina-me a calibrar os medos e a encorajar a esperança.
Faça-me cativar olhares e navegar novos mares.

Neste instante do infinito...
Quero aprender a sensibilizar corações e ser parceiro de novas realizações.
Desejo pertencer a mim mesmo e continuar em profunda comunhão.

Senhor, no instante do infinito...
Saberei perder-me na beleza do horizonte e
voltar para beber água pura na fonte.

Ser um instante do infinito é...
Ser amigo da simplicidade e construir pontes da felicidade.
É ser muito mais atitude do que opinião e ser sujeito do que mera imitação.

Senhor, desejo ser um instante do infinito...
Quero testemunhar na aparência o que é regado na essência.
Desejo afirmar o que for bom, justo e construir uma nova esperança.

Senhor, fazei-me um instante do infinito...
Quero conjugar e entrelaçar liberdade com responsabilidade e desejo construir cidadania com a ética da solidariedade.

"Mostra-me, Senhor, minha verdade! Que eu me veja, com os teus olhos. Conduze-me pelos caminhos da vida! Que eu seja um sinal vivo de teu amor."

(Gabriela Mistral)

14
ORAÇÃO ANTES DE DESCANSAR

"Descansa aqui o teu olhar, deixa para lá, deixa marejar. Ocupa o espaço, transforma, constrói. Ergue o corpo, procura conforto. Descansa em mim o teu olhar."
(Walkyria Proença)

Senhor, no silêncio desta noite, agradeço ter...
Feito com muito carinho tudo o que desejei,
valorizado tudo o que realizei e
amado todas as pessoas que encontrei.

No dia de hoje foi muito bom...
Ter cuidado dos pequenos detalhes,
ter dado atenção aos que esperavam algo de mim e
ter feito a diferença no jeito de olhar, de ser e de proceder.

Senhor, hoje, descanso feliz e tranquilo...
Tranquilo por ter persistido em tudo, apesar do cansaço.
feliz por ter dado asas à imaginação e à criatividade e
tranquilo por ter vivido com paixão, prazer e satisfação.

Antes de descansar, quero agradecer ter sido forte e confiante...
Forte porque não desisti em ser amigo da verdade,
confiante porque busquei dar sentido e sabor a tudo.
Forte e confiante por ter vivido o dia de hoje como algo único e inédito.

"O luar é o brilho do Sol que está descansando."
(Mário Quintana)

15
BÊNÇÃO IRLANDESA

"A vida não é um problema a resolver. É uma bênção a celebrar."
(Joan Chittister)

Que o caminho seja brando a seus pés,
o vento sopre leve em seus ombros,
que o Sol brilhe cálido sobre sua face,
as chuvas caiam serenas em seus campos.

E, até que eu de novo o veja,
que Deus o guarde nas palmas de suas mãos.

Que a estrada se abra a sua frente,
que o vento sopre levemente em suas costas,
que o Sol brilhe morno em sua face,
Que a chuva caia de mansinho em seus campos.

E até que nos encontremos de novo,
que Deus guarde você nas palmas de suas mãos.

Que as gotas da chuva molhem suavemente seu rosto,
que o vento suave refresque seu espírito,
que o Sol ilumine seu coração,
que as tarefas do dia não sejam um peso em seus ombros,
e que Deus o envolva em seu manto de amor. Amém!

*"Abençoado não é quem mais tem,
é quem mais reparte."*
(Osiel Basílio)

16
OPORTUNIDADES ESCOLHIDAS

"Não há mérito maior do que aproveitar a oportunidade em todas as coisas."
(Píndaro)

Tempestades, a gente atravessa. Obstáculos, a gente contorna.
Caminhos, a gente percorre. Cansaços, a gente supera.
Medos, a gente enfrenta. Alegrias, a gente curte.
Sonhos, a gente realiza. Intuições, a gente escuta.

Sorrisos, a gente contagia. Saudades, a gente agradece.
Dificuldades, a gente interpreta. Sentimentos, a gente conecta.
Paixões, a gente mergulha. Dores, a gente solidariza.
Olhares, a gente escuta. Palavras, a gente acolhe.

Verdade, a gente persegue. Novidades, a gente desperta.
Expectativas, a gente esquece. Situações, a gente compreende.
Valores, a gente testemunha. Esperança, a gente planta.
Atitudes, a gente afirma. Sonhos, a gente planta.

Amor, a gente estica. Fé, a gente vive.
Escolhas, a gente faz. Carinho, a gente acaricia.
Beleza, a gente contempla. Empatia, a gente cultiva.
Oportunidades, a gente escolhe.

"Um pessimista vê dificuldades em todas as oportunidades. Um otimista vê oportunidades em todas as dificuldades."
(Marcel M. Voel)

17
A DIFERENÇA QUE FAZ A DIFERENÇA

"Senhor! Fazei de mim instrumento de vossa paz: onde há ódio, que eu leve o amor; onde há ofensas, que eu leve o perdão; onde há discórdias, que eu leve a união; onde há dúvida, que eu leve a fé; onde há erro, que eu leve a esperança; onde há desespero, que eu leve a verdade, onde há tristeza que eu leve a alegria, onde há trevas, que eu leve a luz."
(Francisco de Assis)

Senhor, a vida ensina que a diferença...

Entre amar e deixar-se amar está na coragem e,
entre o veneno e o antídoto, está na dosagem.
Que a diferença entre o frio e o calor está na estação e,
entre o contemplar e o olhar, está na pausa dada em cada respiração.

Senhor, a vida ensina que a diferença...

Entre fofocas e cobras é que nem todas as serpentes são venenosas e,
entre loucura e normalidade, é que a primeira costuma ser mais comum.
Que a diferença entre infelicidade e a felicidade pode estar no prefixo e,
entre o impossível e o possível, é uma questão de criatividade no tempo.

Senhor, a vida ensina que a diferença...

Entre verdade e mentira está na cara e,
entre amigo e colega, está de seu lado.
Que a diferença entre o Sol e a Lua acontece no entardecer e
a passagem do descanso para o saber viver está em cada amanhecer.

"Ó Mestre! Fazei que eu busque mais consolar que ser consolado, compreender que ser compreendido, amar que ser amado. Porque é dando que se recebe, é perdoando que se é perdoado e é morrendo que se vive para a vida eterna."

(Francisco de Assis)

18
NO TEMPO DO MOMENTO

"Levem o mundo: deixem-me o momento."
(Fernando Pessoa)

Ensina-nos, Senhor...
A desaprender para aprender melhor,
a rever para ver melhor,
a esvaziar-nos para nos plenificar.

Ensina-nos, Senhor...
A arte do distanciamento para compreender melhor,
a não perder o hábito de fechar os olhos para ver melhor,
a desintoxicar sentimentos para viver melhor.

Ensina-nos, Senhor...
A emparedar medos e confusões para melhor sobreviver,
a interpretar vivências para melhor conhecer e proceder,
a desatar nós para subir na humildade.

Faça-nos, Senhor...
Arriscar novas possibilidades para amar mais profundamente,
orientar os medos como combustível de novas responsabilidades,
compreender a causa da dor para mergulhar na beleza do amor.

"Quão grande é a paciência de Deus que a todos tolera, ensina, corrige e modela, sem alterar jamais sua sublime serenidade."

(Carlos Bernardo Gonzálves Pecotche)

19
OLHOS À SAUDADE

"Na minha prece cabe o outro. Aquele que mora do outro lado do mundo e que eu não conheço, mas sei que existe. Que existe e precisa de luz. Que existe e precisa de paz."
(Cris Carvalho)

Senhor, ensina-me a dar olhos à saudade
e responsabilidade à liberdade.

Ensina-me a dar unidade às diferentes realidades
e sabedoria para viver na generosidade.

Senhor, eu te peço, concede esperança aos desanimados
e paz aos insatisfeitos e atormentados.

Senhor, livra-me dos apegos e das crenças, que não libertam,
e dos preconceitos que não constroem a esperança.
Livra-me dos medos e da facilidade de fugir
ou de me justificar diante dos desafios.

Ensina-me, Senhor, a olhar nos olhos e a estender as mãos.
Ensina-me a aprender da vida e nunca perder a direção.

Senhor, dá-me confiança e generosidade nas relações
e discernimento nas diferentes situações.
Dá-me lucidez para aceitar as pessoas como elas são
e comprometimento com uma nova civilização.

Senhor, ensina-me a arte de não sufocar palavras
nem sentimentos e
a estar inteiramente presente em todos os momentos.
Ensina-me a correr riscos na humildade de arriscar e
a mergulhar na novidade que tua graça deseja proporcionar.

Meu Senhor e Mestre, ensina-me sempre!

"A esperança tem duas filhas lindas: A indignação e a coragem. A indignação nos ensina a não aceitar as coisas como estão; a coragem, a mudá-las."

(Santo Agostinho)

20
NA SUTILEZA DO VIVER

"A diferença fundamental entre o homem comum e o guerreiro é que o guerreiro encara tudo como desafio, enquanto o homem comum encara tudo como bênção ou maldição."
(Carlos Castañeda)

Senhor, observando e contemplando a vida de tantas pessoas
e revisando minha própria vida, peço-te humildemente.

Ensina-nos a escutar a voz de tantas pessoas sem voz e sem vez,
o grito ensurdecedor de tantos semelhantes sem oportunidades,
as lágrimas derramadas em vão de tantos inocentes
e a escutar a força transformadora do silêncio que tudo recria.

Reconhecemos que nem sempre escutamos, apenas ouvimos,
nem sempre conversamos, apenas gesticulamos,
nem sempre sentimos, apenas reagimos,
nem sempre saboreamos, apenas fazemos,
nem sempre somos, apenas aparentamos.

Senhor, quantas vezes corremos e não andamos.
Estamos juntos e não convivemos.
Justificamos e não nos comprometemos.
Exigimos e não testemunhamos.

Ensina-nos, Senhor, a sermos mais humanos e menos máquinas,
a sermos mais generosos e menos egoístas.
a sermos mais criativos e menos imitadores e
a sermos mais dóceis e menos rígidos com as pessoas.

"A sutileza de nossa visão não depende de quanto somos capazes de ver, senão de quanto somos capazes de sentir."

(Helen Keller)

21
HUMILDE PRECE

"Uma prece nascida de um coração puro nunca deixará de ser atendida."
(Mahatma Gandhi)

Senhor da vida e da esperança, hoje te pedimos...
Sentimentos verdadeiros e paz profunda,
intuições reveladoras e atitudes corajosas,
um coração generoso com aspirações transparentes,
um olhar focado com sonhos desafiantes.

Senhor, dá-nos...
Coragem humilde e amizades consequentes,
compreensão humana e motivação contagiante,
Persistência na caminhada e lucidez nas encruzilhadas,
tolerância na convivência e generosidade na confiança.

Senhor, faça-me...
Memória viva para recordar e atualizar,
faça-me prece incansável de gratidão.

"Sentir gratidão e não a expressar é como embrulhar um presente e não o entregar."
(William Ward)

22
CALIBRAR OS MEDOS

"Do outro lado do medo estão todas as melhores coisas da vida."
(Will Smith)

Senhor, com tua presença em nossa vida...
É possível calibrar os medos e encorajar a esperança,
cativar olhares e estabelecer novas relações.
É possível sensibilizar corações e acolher novas emoções,
é possível estar só e, ao mesmo tempo, em profunda comunhão.

Senhor, com tua presença em nossa vida...
É possível perder-se na linha do horizonte e encontrar-se na ação,
escutar o próprio silêncio capaz de reconfigurar o coração.
É possível ser parceiro da simplicidade e viver como aquele que serve,
caminhar de cabeça erguida movida por um coração leve.

Senhor, com tua presença em nossa vida...
É possível ser mais atitude que opinião,
ser mais sujeito que mera imitação.
É possível ser na aparência o que vem do âmago da essência.
É possível ser bom e justo para em paz deixar nossa consciência.

"Cuidado com o medo. Ele adora roubar sonhos."
(Bárbara Coré)

23
AO MESMO TEMPO

"Quando adestramos a nossa consciência, ela beija-nos ao mesmo tempo em que nos morde."
(Friedrich Nietzsche)

O discurso sobre os outros vem da empatia
e depois da compaixão,
e sobre a palavra, vem depois da escuta e da compreensão.

O discurso sobre Deus vem depois da escuta e da solidariedade, e sobre o alimento, vem depois da gratidão e da ação do fermento.

O discurso sobre a fome vem depois da partilha do pão, e sobre a paz, vem depois do amor feito justiça.

O discurso sobre o amor vem depois da reciprocidade, e sobre a planta, vem depois da semente e dos rebentos regados.

O discurso sobre a crítica vem depois do espelho com retrovisor, e sobre o sonho, vem depois da fé e dos pés na estrada.

"O discurso sobre Deus vem depois do silêncio da oração e do compromisso."
(Gustavo Gutiérrez)

24
VONTADE NÃO FALTA

"Não tenham medo, eu venci o mundo. Vocês, comigo, também vencerão. Eis que estarei convosco todos os dias até o fim dos tempos."
(Mateus 28,20)

Senhor, ando cansado, exausto, esgotado,
e as mínimas coisas me irritam.
De repente me dá vontade de largar meus sonhos
e fugir dos compromissos.
Se eu pudesse fugir!
Fugir dessa angústia que dói e dessa incerteza que aperta.

Apesar disso, sinto que é preciso viver,
que é preciso continuar.
Que é preciso dizer meu sim, dia após dia,
e fazer o caminho mesmo que seja torto de seguir.

Mas como, Senhor, se as forças me faltam?
Mas como, Senhor, se me sinto só mesmo com outras pessoas?

Senhor, vontade não falta, mas me sinto fraco e instável.
Ajuda-me a sair dessa situação! Preciso de forças!
Preciso de coragem! Preciso de tua graça que me dá paz.

Sou um caminhante que anda cansado e confiante.
Sei e tenho consciência de que a vida continua
e eu também devo seguir.
Sou um peregrino que confia que o amor existe
e que é preciso seguir e persistir, apesar de tudo.

"Ninguém se torna iluminado por imaginar figuras de luz, mas sim por tornar consciente a escuridão."

(Carl Jung)

25
NA TERNURA

"Nunca ninguém enriqueceu com dinheiro."
(Sêneca)

Tua ternura, Senhor, faz-me...
Palavra que encoraja e amor que promove,
calor que aproxima e alegria que contagia.
Noite que descansa e dia que amanhece,
sentimento que floresce e consolo que conforta.

Tua ternura, Senhor...
É força que entusiasma e gesto que afaga,
é saber que constrói e firmeza que orienta.
É olhar que compreende e ombro que repousa,
é abraço que perdoa e coração que acolhe.

Senhor, tua graça me faz ser...
Igualdade que une e diferença que enriquece,
inusitado que tolera e novidade que encanta.
Silêncio que respeita e tolerância que dignifica.
Desejo que deseja e amor que persiste no amar.

"Algum dia o poder será dado à ternura."
(Rubem Alves)

26
O MAIS IMPORTANTE

"O mais importante que aprendi a fazer depois dos quarenta anos foi dizer não quando é não."
(Gabriel García Márquez)

Senhor, hoje compreendo que o mais importante...
Não é o chegar, mas o sempre recomeçar.
Não é o desafio, mas a coragem de enfrentá-lo.
Não é o caminhar, mas fazer meu caminho ao caminhar.
Não é o correr, mas saber aonde chegar.

O mais importante...
Não é o voar, mas a experiência existencial de ser livre.
Não é o existir, mas viver com sentido.
Não é o ouvir, mas escutar.
Não é o entender, mas compreender.

O mais importante...
Não é a sensibilidade, mas a compaixão.
Não é a teoria, mas o coração.
Não é o conhecimento, mas a aprendizagem.
Não é a posse, mas a forma justa da aquisição.

O mais importante...
Não é o ontem, mas o hoje.
Não é o amanhã, mas o sempre.
Não é o tato, mas entregar-se.
Não é o estar presente, mas o confiar-se.

O mais importante...
Não é o pensar, mas envolver-se.
Não é o receber, mas solidarizar-se.
Não é o imaginar, mas o saborear.
Não é o desejar, mas o querer.

Hoje, compreendo que o mais importante é fazer...

Dos problemas da vida, verdadeiras oportunidades.
Da história vivida, fontes e referências de aprendizados.
Fazer do amor, a experiência mais linda do viver e
fazer da vida a arte de servir.

"O mais importante na vida não é o muito saber,
mas o saborear as coisas internamente."

(Inácio de Loyola)

27
TRÊS DESAFIOS

"De tudo o que se faz na vida ficam três coisas: a certeza de que sempre estamos iniciando; a certeza de que é preciso continuar e a certeza de que podemos ser interrompidos antes de terminar."
(Fernando Sabino)

Senhor, dá-me a graça de...
Vencer-me e ser livre frente às coisas,
vencer-me e ser livre frente às pessoas e
vencer-me e ser livre frente ao passado, ao presente e ao futuro.

Que eu saiba me desapegar...
De coisas e comportamentos sem sentido,
de hábitos e palavras sem importância e
de ideias ultrapassadas.

Que eu aprenda a colocar-me...
Na história e no contexto de cada ser humano,
na pele e no caminho percorrido das pessoas e
em minha verdade diante do espelho e da consciência.

Dai-me, Senhor...
Lucidez para ser sujeito de minhas decisões,
generosidade para ajudar as pessoas sem interesse e
capacidade para aprender de cada pessoa.

"Fazer da interrupção, caminho novo. Fazer da queda, passo de dança. Do medo, escada. Do sonho, ponte. Da procura, encontro. E assim terá valido a pena existir."
(Fernando Sabino)

28
DUAS ASAS

"Se não puderes ser uma estrada, sê apenas uma seta. Se não puderes ser o Sol, sê uma estrela. Não é pelo tamanho que terás êxito ou fracasso... Mas sê o melhor no que quer que sejas."
(Pablo Neruda)

Contigo, Senhor, queremos aprender...
A fechar corretamente certos ciclos de vida,
que nada é impossível para quem ama e se põe a caminho e
que a última e decisiva palavra sempre é da vida, e não da morte.

Senhor, que sempre tenhamos...
Coragem para levantar e falar,
humildade para sentar e escutar e
coragem e humildade para sempre nos aprimorar.

Senhor, ensina-nos...
A aprender das derrotas e das oportunidades perdidas,
a saber ganhar, saber perder e saber decidir e
a olhar para nós mesmos através do espelho que é cada pessoa.

Dá-nos, Senhor, a graça de conciliar...
Confiança e competência,
sinceridade e autenticidade e
liberdade e responsabilidade.

Senhor, faz-nos ouvidos atentos...
Da voz da verdade e dos apelos das pessoas,
dos desejos de nossa criança interior e
da musicalidade e das setas indicativas do próprio silêncio.

Certa vez, perguntaram à Madre Teresa de Calcutá por que ela gastava tantas horas em oração e o que ela falava com Deus. Ela respondeu: "Eu não falo nada, apenas escuto". Porém, acrescentaram: "Então o que Deus fala com a senhora nessas horas de oração?" Ao que ela respondeu: "Deus não fala nada, Ele também escuta".

29
PRECES PARADOXAIS

"Tentaram nos enterrar, mas não sabiam que éramos sementes."
(Provérbio Mexicano)

A paixão é perigosa, perca-se! A liberdade é um risco, arrisque-se!
A existência é curta, aproveite-a! As amizades são raras, valorize-as!
A indiferença é horrível, delete-a! O medo é um freio, solte-o!

O orgulho é deprimente, vença-o! O egoísmo é destruidor, queime-o!
A crise é dolorida, interprete-a! A omissão é triste, enfrente-a!
A saudade é danada, agradeça-a! A sabedoria é desafiadora, atualize-a!

A memória é doce, saboreie-a! A coragem pede passagem, atravesse-a!
A confiança é um risco, agarre-a! A esperança é um horizonte, jogue-se!
O caminho é longo, percorra-o! O olhar está no ar, conecte-o!

A vida amanheceu, desperte!
O amor pede passagem, segure-o!
A semente está só, enterre-a!

"A prece maior é ter o coração tranquilo. É levar uma semente de esperança onde a flor da vida já secou faz tempo. A prece maior a gente não faz ajoelhado, a gente faz é sorrindo."
(Cris Carvalho)

30
EXIGÊNCIA RECÍPROCA

"A criatividade exige a coragem de deixar as certezas de lado."
(Erich Fromm)

O que seria o céu sem as estrelas e a terra sem as sementes? O que seria o universo sem a presença humana e a vida presente sem a história?

O que seria a fé sem as obras e a ação humana sem a gratidão? O que seria a justiça sem a solidariedade e a generosidade sem o amor?

O que seria a dor sem o amor e a chegada sem fazer caminho?
O que seria a vitória sem participação e a vida sem emoção?

O que seria a sinceridade sem a autenticidade e a ternura sem a seriedade?
O que seria a entrega sem o discernimento e o individual sem os semelhantes?

O que seria o homem sem a força do amor?
E o que seria o viver sem a graça da vida?

"Não há um único silêncio. E todo silêncio é música em estado de gravidez."
(Mia Couto)

31
FÉ NAS AÇÕES

"A fé sobe pelas escadas, que o amor construiu, e olha pelas janelas, que a esperança abriu."
(Charles Spurgeon)

Senhor da vida, tua presença em nossa vida
faz compreender que uma fé verdadeira
planta sementes e cria raízes em nossas AÇÕES.

Ela nos faz compreender o sentido de tantas situAÇÕES,
faz despertar surpreendentes sensAÇÕES
e faz sonhar realizAÇÕES.

Acreditar no amor é deixar a fé encantar pulsAÇÕES,
agradecer e atualizar importantes recordAÇÕES
e abrir os brações e o coração em forma de orAÇÕES.

Sim, confiar em tua presença amiga faz encorajar inspirAÇÕES,
desmistificar complicAÇÕES
e nos ensina a mergulhar na força de vida presente em todas as estAÇÕES.

Que tua presença amorosa nos ajude a sensibilizar relAÇÕES,
intensificar atuAÇÕES,
e nos faça aquecer muitos corAÇÕES.

"Nunca perca a fé e as esperanças. Quanto mais longe você acha que Deus está, mais perto Ele o estará carregando em seus braços. Ânimo! Que hoje você possa sentir o amor que Deus lhe tem e que Ele cure qualquer ferida que esteja causando tristeza em seu interior."

(Papa Francisco)

32
EM MEU CANTINHO

"A verdadeira viagem da descoberta consiste não em procurar novas paisagens, mas em vê-las com outros olhos."
(Marcel Proust)

Senhor, no silêncio de meu canto, respiro fundo e me acalmo,
encontro a tranquilidade e me torno presente.
No silêncio de meu canto, faço silêncio, escuto, sinto, respiro fundo.

Em meu cantinho, eu me compreendo, choro, espero... sei-me humano.
Nele, eu me compreendo, recomeço, persisto... sei-me peregrino.
Em meu cantinho, vislumbro, imagino, crio... sei-me livre e protagonista.

Senhor, no silêncio de meu canto, olho para longe e acaricio sonhos,
massageio valores e fortaleço convicções.
No silêncio de meu canto, aprendo lições de vida e acolho novidades.

Em meu cantinho, eu gosto de estar e me sinto em comunhão.
Sinto-me só e em boa companhia.
Em meu cantinho, exalo gratidão, que dá leveza a minha missão.

Senhor, no silêncio de meu canto, mergulho no sentido e experimento a paz.
Sinto o amor em movimento, que tudo refaz.
No silêncio de meu canto, fecho os olhos e começo a ver melhor.

“Faz escuro, mas eu canto porque
o amanhã vai chegar.”

(Thiago de Mello)

33
MOMENTOS

"Sentir gratidão e não expressá-la é como embrulhar um presente e não entregá-lo."
(William Arthur Ward)

Nos momentos felizes, agradeça.
Nos momentos difíceis, persista.
Nos momentos sofridos, ofereça.
Nos momentos de silêncios, escute.

Nos momentos de solidão, olhe.
Nos momentos de paixão, ame.
Nos momentos de paz, dance.
Nos momentos de alegria, compartilhe.

Nos momentos de preocupação, confie.
Nos momentos de angústia, silencie.
Nos momentos de ternura, acaricie.
Nos momentos de ocupações, decida.

Nas correrias, escolha um caminho.
Nas ocupações, priorize o essencial.
Nas preocupações, olhe o horizonte.
Nos momentos, encontre o momento.

"De repente, toda a nossa vida está concentrada em um único momento."
(Oscar Wilde)

34
CELEBRAR A VIDA

"A vida não é um problema a ser resolvido, mas um mistério a ser vivido."
(Joseph Campbell)

Celebrar a vida é compreender que ela está grávida de um mistério maior...

Muito mais forte que a dor, a idade e as dificuldades.
Muito mais potente que os problemas, o ontem e os medos.
Muito mais transparente que as noites,
as incompreensões e os perigos.

Celebrar a vida...

É saber que sempre estamos chegando e sempre recomeçando.
É assumir a caminhada como um processo contínuo e continuado.
É mergulhar no hoje como um presente e uma missão.

Celebrar é...

Acreditar que sempre existe uma luz no fim do túnel.
Continuar o caminho encontrando novos caminhos por entre as pedras.
Confiar que a luz do dia sempre vencerá a escuridão da noite.

Sim, celebrar a vida...

É aprender do dia a dia e sempre questionar-se.
É olhar para cima, para os outros, para dentro
e extasiar-se.
É esticar o coração à voz do silêncio e exclamar.

Celebrar a vida...

É mergulhar no sentido, não na formalidade.
É saborear uma caminhada, não somente o resultado.
É dançar com a música, não com a partitura.

Celebrar a vida...

É inebriar-se no perfume, sem arrancar a flor.
É curtir a sinfonia, participando da orquestra.
É ser seta indicadora, não a finalidade da viagem.

"É genial festejar o sucesso, mas é mais importante aprender com as lições do fracasso."

(Bill Gates)

35
PEÇO E AGRADEÇO

"Toda noite eu peço que a solidão se dilua na escuridão e que a luz do dia traga novas oportunidades de realização."
(Canísio Mayer)

Senhor da vida...
Peço ao amanhecer para que continue vencendo a escuridão.
Peço ao mar que aprofunde em meu coração a grandeza do amar.
Confio ao rio para que leve as mágoas e os medos.
Peço ao vento para que faça circular lembranças e esperanças.

Senhor da vida...
Peço que as dificuldades sejam desafios e
que as quedas sejam aprendizados.
Peço que o amor seja intenso e
que as lágrimas fertilizem novas sementes.

Obrigado, Deus da vida...
Pelo amanhecer, que trouxe a luz e o Sol.
Pela generosidade, que serviu a mesa.
Pelos sonhos, que movem corações.
Pela fé e coragem, que me impulsionam na missão.

Muito obrigado...
Pelos desejos, abraços, oportunidades.
Pela chuva, beija-flor, sabor, luz, calor... esperança.
Obrigado pelo carinho, perfume, intuições... pela vida.

"Quando penso que uma palavra pode mudar tudo. Não fico mudo. Mudo. Quando penso que um passo descobre o mundo. Não paro o passo. Passo. E, assim que passo e mudo, um novo mundo nasce na palavra que penso."

(Alice Ruiz)

36
NÚCLEO DE VIDA

"O medo é que faz que não vejas, nem ouças, porque um dos efeitos do medo é turvar os sentidos e fazer que pareçam as coisas outras do que são!"
(Dom Quixote)

No íntimo das pessoas existe um núcleo de vida...
Que nos leva a superar dificuldades e decepções,
que rememora os aprendizados do passado como fontes de vida,
que faz as relações humanas serem verdadeiras e duradouras,
que movimenta a afetividade como potencial de comunhão.

Esse núcleo dinâmico e vital...
Remove as cinzas da dor das perdas e reacende o fogo do amor,
devolve o viver motivado e com sabor,
faz ultrapassar limites e encarar a vida,
vence os medos e encoraja a persistência.

O núcleo de vida, e não de morte, ensina-nos...
Que a última palavra é sempre da verdade e da vida,
que a luz do dia é sempre mais forte que a escuridão das noites,
que é bem melhor ser herói solidário que herói solitário e
que somos diferentemente iguais e igualmente diferentes.

A vida que brota desse núcleo vibrante...
Faz-nos ternos e sérios, bons e justos.
Faz-nos solidários e brilhantes.
Faz-nos éticos e verdadeiros amigos.
Faz-nos gentis e cidadãos comprometidos.

"Não é preciso ter olhos abertos para ver o Sol, nem é preciso ter ouvidos afiados para ouvir o trovão. Para ser vitorioso você precisa ver o que não está visível."

(Sun Tzu)

37
PEQUENAS METAS

"Se temos que esperar, que seja para colher a semente boa que lançamos hoje no solo da vida. Se for para semear, então que seja para produzir milhões de sorrisos, de solidariedade e amizade."
(Cora Coralina)

Senhor, ensina-me a...
Simplificar mais e complicar menos.
Reconhecer mais e concorrer menos.
Solucionar mais e protelar menos.

Ensina-me a...
Ajudar mais e centralizar menos.
Aplaudir mais e enciumar menos.
Amar mais e sofrer menos.

Senhor, ensina-me a...
Compreender mais e lamentar menos.
Caminhar mais e correr menos.
Desfrutar mais e angustiar-se menos.

Quero muito, Senhor...
Conviver mais e competir menos.
Brincar mais e cobrar menos.
Compreender mais e exigir menos.

Hoje desejo e quero...
Abraçar mais e justificar menos.
Acolher mais e racionalizar menos.
Ajudar mais e esperar menos.

Senhor, ensina-me a ser...
Mais cidadão e mais ético.
Mais coerente e mais sensato.
Mais gentil e mais tolerante.

Senhor, ensina-me a ter...

Mais confiança e mais paciência,
mais amorosidade e mais sensibilidade,
mais generosidade e mais gratuidade.

Senhor, que minha vida seja...

De reconhecimento e crescimento.
De conhecimento e aproveitamento do tempo.
De comprometimento e de agradecimento.

"Se a meta principal de um capitão fosse preservar seu barco, ele o conservaria no porto para sempre."

(Tomás de Aquino)

38
EU PREFIRO

"Eu me levantei e desci as escadas. Prefiro correr atrás do Sol a esperar que ele venha."
(Markus Zusak)

Mesmo que muitos prefiram...
Semear vento para colher tempestade,
divulgar fofocas em vez da verdade,
espalhar discórdia em vez de união...

Mesmo que muitos prefiram...
Alimentar orgulho e colher desafetos,
cultivar descaso e receber despedidas,
plantar injustiças e colher dominação...

Eu prefiro...
Estender as mãos e conectar corações,
acreditar na criatividade e na reta intenção,
confiar no protagonismo e na civilização.

Eu prefiro confiar...
Na força da solidariedade como fonte de realização,
no trabalho em equipe que constrói comunhão,
na vitalidade da esperança no coração e na ação.

"Não sei sentir em doses homeopáticas. Preciso e gosto de intensidade, mesmo que ela seja ilusória, e se não for assim, prefiro que não seja."
(Gabriel García Márquez)

39
ESPELHO QUEBRADO MULTIPLICA O SOL

"Eu sei que o Sol se põe para raiar."
(Bruce W. Currie)

Seria injusto ignorar as rosas só porque uma o espetou.
Seria insano deixar de sonhar só porque um projeto não se realizou.
Seria loucura deixar de imaginar só porque a tinta acabou.

Seria injusto deixar de amar só porque alguém o machucou.
Seria insano temer o futuro só porque o passado uma cicatriz deixou.
Seria loucura não perdoar só porque o orgulho se instalou.

Seria injusto menosprezar o pequeno só porque a fartura não abundou.
Seria insano deixar a vida passar só porque nas oportunidades não se arriscou.
Seria loucura fugir das novidades só porque uma chama se apagou.

Seria injusto deixar de arriscar só porque uma tempestade passou.
Seria insano temer o tempo só porque a bateria do relógio acabou.
Seria loucura não aprender do passado só porque um retrovisor quebrou.

Seria injusto deixar de agradecer só porque não conseguiu tudo o que desejou.
Seria insano temer a liberdade só porque a responsabilidade chegou.
Seria loucura fugir de si mesmo só porque o espelho se espatifou.

"Amamos as pessoas não pela beleza que existe nelas, mas pela beleza nossa que nelas aparece refletida. Por isso somos mendigos de olhares. Olhos são espelhos."

(Rubem Alves)

40
DESPERTAI E ENSINAI

"Sua visão se tornará clara apenas quando você puder olhar dentro de seu coração. Quem olha para fora sonha, quem olha para dentro desperta."
(Carl Jung)

Senhor, ensinai aos homens e às mulheres de hoje...
Mais diálogo e menos superficialidade,
mais respeito e menos infidelidade,
mais abraços e menos encolher os braços,
mais iniciativa e menos passividade.

Senhor, despertai nas mulheres e nos homens de hoje...
Mais saúde e menos agressões,
mais gratidão e menos lamentação,
mais altruísmo e menos competição,
mais lucidez e menos confusão.

Senhor, ensinai aos homens e às mulheres de hoje...
Mais originalidade e menos comparação,
mais qualidade de vida e menos correrias,
mais tolerância e menos compreensão,
mais relações humanas saudáveis e menos insatisfação.

Senhor, despertai e ensinai aos homens e às mulheres de hoje a terem...
Mais fé e mais comprometimento,
mais solidariedade e mais honestidade,
mais confiança e mais esperança,
mais humanidade e mais sabedoria.

"Uma vida não basta ser vivida:
também precisa ser sonhada."
(Mário Quintana)

41
NÃO BASTA

*"Um Sol lindo lá fora. Outro dentro do peito. Sei não,
acho que hoje vou demorar para anoitecer."*
(Sérgio Vaz)

A lembrança existe porque a experiência não basta
e a saudade existe porque o vivido não basta.
O amanhã existe porque o hoje não basta
e a esperança existe porque o passado não basta.

A poesia existe porque a realidade não basta
e o sonho existe porque o hoje não basta.
O mistério existe porque a explicação não basta
e a dança existe porque a música não basta.

O mar existe porque o luar não basta
e o Sol existe porque a noite de luar não basta.
O gesto existe porque o sentimento não basta
e o encontro existe porque o olhar não basta.

O amor existe porque a paixão não basta
e o diferente existe porque o igual não basta.
O infinito existe porque o finito não basta
e o impossível existe porque o possível não basta.

A possibilidade existe porque o limite não basta
e a liberdade existe porque o horizonte não basta.
O tempo existe porque o espaço não basta
e a eternidade existe porque a história não basta.

"Não sabendo que era impossível, ele foi lá e fez."

(Jean Cocteau)

42
FONTE DE VIDA

"A natureza não faz milagres; faz revelações."
(Carlos Drummond de Andrade)

Senhor, tu és a bondade e fonte de toda vida!
Graças a ti, que eu vivo e te bendigo.
Graças ao Sol, eu tenho as manhãs e as madrugadas.
Graças às estrelas, eu posso ver o céu sem medo da noite.

Graças à terra, eu tenho a abundância de todas as coisas.
Graças à chuva, as flores florescem e os frutos amadurecem.
Graças às fontes, eu bebo até a saciedade a água mais pura.
Graças ao trabalho, o mundo cresce e se aperfeiçoa.

Graças aos inventos, o mundo se torna mais de acordo com tua vontade.
Graças aos pés, eu posso andar.
Graças aos caminhos, eu posso chegar onde quero.
Graças às mãos, eu posso ajudar.

Graças aos braços, eu posso amparar.
Graças à amizade, minhas alegrias podem ser imensas.
Graças aos olhos, eu posso conhecer a beleza de todas as coisas.
Graças ao olfato, eu posso provar o prazer de todos os perfumes.

Graças ao paladar, eu posso sentir o gosto de tudo o que é bom.
Graças ao tato, eu posso sentir a passagem da brisa.
Graças aos ouvidos, eu posso ouvir as vozes e o canto.
Graças ao sorriso, eu posso conhecer a bondade.

Graças à palavra, eu posso entender-me com todos os homens.
Graças à fé, eu posso crer que tu sempre estás perto de mim.
Graças à esperança, eu posso pedir com certeza.
Graças ao amor, eu posso entender que tudo o que é bom não é só para mim.

Graças a minhas fraquezas, eu posso ver quantas são minhas limitações.
Graças ao pensamento, eu posso ir da terra aos céus com incrível facilidade.
Graças à tristeza, eu posso valorizar mais a felicidade.
Graças aos sofrimentos, eu posso ser mais sensível e compreensivo.

Graças às alegrias, eu posso ver o que preparas no céu para quem te ama.
Graças ao tempo, eu posso ganhar a eternidade.
Graça aos santos, eu posso saber quais os caminhos que levam mais a ti.
Graças aos pecadores, eu posso crer que tu sempre perdoas.

Graças ao coração, eu posso amar a todos os homens, sem exceção.
Graças às crianças, eu posso ser simples.
Graças aos jovens, eu posso ousar e avançar.
Graças aos velhos, eu posso aprender e contemplar.

Graças aos ricos em bondade, eu posso ser rico em amor.
Graças aos pobres, eu posso oferecer.
Graças às muitas graças, eu posso ser graça e serviço.
Graças a ti, eu posso viver em um mundo de esperança.

Muito obrigado, Senhor.
E bendito sejas para sempre. Amém.

"A Páscoa de Jesus Cristo é também nossa Páscoa: graças a Ele, podemos passar da escuridão à Luz, das escravidões deste mundo para a liberdade da Terra prometida."

(Papa Francisco)

43
GRAVANDO PRESENÇAS

"Meça a profundidade de sua ternura pela paz que ela transmite."
(Canísio Mayer)

Tua presença, Senhor,
está gravada em cada fibra de meu ser
e teu amor transborda os limites de minha humana realidade.
Sabes, como ninguém, quando sou fiel ou infiel a mim mesmo;
e somente sob a luz de teu olhar
pode o homem chegar a saber algo sobre a verdade de seu ser.

A que dimensão de minha existência
dirigirei o olhar, que não cegue o esplendor de teu mistério?

Para onde poderei fugir da profundeza de ti que me invade?
Se voo nas asas da contemplação,
és tu o êxtase que me surpreende.
Se o desânimo ou a depressão
cravam suas frias garras nos ombros de minha alma,
ali me aguardas tu, lembrando-me de que todo mal tem limites.

Se com fervor e entusiasmo, entrego-me a minha obra diária,
de continuar tua criação,
tu me sorris, na alegria da obra acabada.

Se perturbado pela sede ou pela fadiga chego a dizer:
"Minha vida não tem sentido,
pois o fracasso mordeu a raiz de meu agir no mundo",
Nesse momento mesmo, tu avivas em mim
uma brasa de esperança,
partilhando com teu amor minhas horas difíceis.

Eu te agradeço tua forma respeitosa de ser meu Deus
e minha necessidade de ser criatura tua!

Conhecias as metas de minha vida
antes que eu fosse concebido.
Meus temores, retrocessos e minhas contradições,
minhas traições e covardias
faziam parte deste avançar no ventre do mistério,
do qual tu me haverias de chamar
para um novo e definitivo nascimento.

Guia-me, Senhor, até que consiga escapar
de meu eu fracionado e disperso
e minha vida floresça em cantos de comunhão e de unidade.

Que a utilidade e a beleza de meu peregrinar por este mundo
sejam unicamente ajudar as pessoas a lerem, em suas vidas,
a presença amorosa de tua coragem e de teu amor.

Seja esta minha súplica definitiva:
Se alguma vez tu deixares de ser
o desejo de todas as batidas de meu coração,
abrasa-me com tua presença escrita em cada fibra de meu ser.

"Dizem que estamos cercados de inimigos. Mas não é a presença dos outros o que mais nos ameaça. É a nossa ausência."

(Mia Couto)

44
PRESENTES E DESAFIOS

"Um dos maiores presentes que você pode dar para qualquer pessoa é o presente da sua atenção."
(Jim Rohn)

Obrigado, Deus, por sempre nos presentear e
nos convidar, diariamente, a participar da criação.

Nós recebemos gratuitamente a dádiva maior da vida,
mas cabe a nós decidirmos o modo como vivê-la.

É seu amor que nos apresenta a oportunidade de caminhar,
mas somos nós que devemos nos fazer ao percorrê-lo.

Cada amanhecer é expressão dessa iniciativa amorosa,
mas cabe a nós sermos sal, perfume, luz, fermento e girassol.

Muito obrigado por nos desafiar com importantes questionamentos
e por nossa capacidade de acontecer nas respostas.

Sim, é sua generosidade que nos recria diariamente,
e cabe a nós continuar a criação desse amor inicial.

Obrigado por nos dar asas e apontar horizontes,
e por nossa grandeza em podermos ser pontes e fontes de vida.

Obrigado, Deus, pelo privilégio de poder viver no tempo
e pelo privilégio que nos cabe de mergulhar em cada momento.

Muito obrigado pela fé e esperança, pela coragem e confiança;
pela oportunidade que temos de cultivá-los em nossa andança.

Na adesão a teu amor, é possível sentir infindáveis possibilidades
e é possível priorizar e escolher boas oportunidades.

Muito obrigado por nos revestir de sabedoria,
liberdade e fortaleza
e por nossa escolha em levantar da cama
e encarar o dia com firmeza.

"Deus ajuda àqueles que se ajudam."
(Benjamin Franklin)

45
FONTE DE ÁGUA CRISTALINA

"Por vezes sentimos que aquilo que fazemos não é senão uma gota de água no mar. Mas o mar seria menor se lhe faltasse uma gota."
(Teresa de Calcutá)

Um dia saí de casa em busca de água.
Água capaz de matar minha sede.
Andei muito. Eu queria encontrar uma fonte de água cristalina,
Mas na caminhada só encontrei poças d'água,
só encontrei água parada, baldes vazios e fontes secas.

Algo dizia que eu iria encontrar uma fonte de água límpida.
Confiei na existência dessa fonte de água pura e abundante.
E continuei minha caminhada em busca da fonte que nunca iria secar.

Minha caminhada foi persistente, os obstáculos eram muitos,
minhas sandálias se romperam, meus pés se feriram
e o cansaço era uma constante.

Mas era necessário caminhar, continuar e persistir.
Não podia desistir nem desanimar,
pois sentia que iria encontrar essa fonte inesgotável.

Nessa caminhada fui fazendo e encontrando meu jeito
de caminhar,
e, aos poucos, fui sentindo e intuindo a proximidade
desse manancial.
Percebi que eu estava chegando a minha casa
e era necessário adentrá-la.
E respeitosamente desci ao porão, meu coração bateu forte
e uma surpreendente alegria me inundou.

Destampei o que cobria a fonte, olhei lá no fundo e gritei:
"Eu te achei", e o eco me respondeu: "Eu te achei".
Gritei mais forte: "Eu te amo", e o eco respondeu: "Eu te amo".

E foi ali, naquele momento, que minha voz e meu eco se confundiram,
meu corpo e minha alma foram inundados pelo frescor da vida.
E ela renasceu.

A descoberta da fonte foi o reencontro comigo mesmo.
Minha voz e o eco se abraçaram. Descobri a força divina dentro de mim.
Descobri em casa o que insaciavelmente tentava buscar fora dela.

Sinto que essa fonte interior é uma fonte inesgotável,
é uma mina onde me reencontrei e me redescobri.
Sinto que estou diante de uma fonte que não seca
e diante de uma fonte onde jorra água cristalina.

"Em vão procuramos a verdadeira felicidade fora de nós, se não possuímos sua fonte dentro de nós."

(Marquês de Maricá)

46
REMOS E RIMAS

"Quanto menos tempo a gente tem,
mais tempo a gente encontra."
(Thales Guaracy)

Quanto mais encorajamos a capacidade de decidir,
mais abandonamos a tentação de fugir.
Quanto mais tempo perdemos com pessoas rasas,
mais cresce o risco de dores profundas.

Quanto mais interpretamos o já vivido,
mais as decisões no dia a dia recebem um novo sentido.
Quanto mais desafiamos nosso protagonismo,
mais diminui a força do comodismo.

Quanto mais acolhemos e interpretamos nossos sentimentos,
mais a arte de conviver proporciona novos sentidos
a cada momento.
Quanto mais firmes são nossos passos,
mais os nós da vida podem tornar-se importantes laços.

Quanto mais o que é essencial é valorizado,
mais os rótulos e modismos são relativizados.
Quanto mais uma decisão é bem pensada e feita na liberdade,
mais entendemos que ela não é contra pessoas, mas a favor da
verdade.

Quanto mais conectamos a inteligência
e a sabedoria pede passagem
mais a interpretação dos erros se torna semente de aprendizagem.
Quanto mais se avança com novos questionamentos,
mais profundo se torna nosso conhecimento.

Quanto mais se tem um objetivo para alcançar,
mais sincera será a coragem que faz arriscar.
Quanto mais aderimos ao Deus de amor,
mais nossa vida adquire cor e sabor.

"Quanto mais beleza descubro na vida, nos homens e nas crianças, no mundo exterior e interior, tanto mais vejo Deus em todas as coisas e em todas as obras."

(Freeman Claim Clark)

47
TERNURA E FIRMEZA

"É por amor que nos abraçamos, que nos beijamos na esquina e já não tememos andar de braços dados seguindo a bandeira da paz e da ternura consequente! É por amor! Sim, é por amor à vida que desesperadamente amamos!"
(Zé Vicente)

Senhor,
volto meu olhar e meu coração para ti.
Contigo quero aprender a ser presença viva,
ser um sinal de transformação e
ser uma presença de amor e de paz.

Dai-me, Senhor...
o mesmo espírito, que movia tua missão,
a mesma sabedoria, com que olhaste cada pessoa,
a mesma firmeza em denunciar tudo o que feria
teus filhos e tuas filhas.
Dai-me, Senhor, a graça de ser esperança no meio
da humanidade.

Senhor,
ensina-me teu modo de tratar os discípulos,
o modo de acolher e tratar os pecadores,
a forma sincera de acolher as crianças,
o jeito de ser terno e firme com as pessoas.

"Não me jure amor eterno, só me ame até o fim do dia. E repita o mesmo amanhã."
(Lucas Lujan)

48
NÃO DEIXE PARA AMANHÃ

"Na eternidade nós éramos; ao nascer começamos a existir. Existir é ser no tempo. E ao morrer deixamos de existir, porém não deixamos de ser."
(Teilhard de Chardin)

Não deixe para amanhã para pedir desculpas,
nem para dar seu sincero perdão.
Não deixe para depois para resolver o que causa sofrimentos,
nem para despedir todos os ressentimentos.

Não deixe para amanhã para cuidar da dor,
nem para afirmar teu valor.
Não deixe para depois para surpreender,
nem para agradecer.

Não deixe para amanhã para ser nova cor,
nem para conviver com bom humor.
Não deixe para depois para mudar,
nem para recomeçar.

Não deixe para amanhã para acolher,
nem para compreender.
Não deixe para depois para abraçar,
nem para valorizar e amar.

Não deixe para depois para expressar sentimentos,
nem para ser inteiro em cada momento.
Não deixe para amanhã.
Amanhã poderá ser tarde.

"Não deixe as pessoas te colocarem nas tempestades delas. Coloque-as na tua paz."

(Buda)

49
LAMPARINAS DE CORAGEM

"Para manter uma lamparina acesa, precisamos continuar colocando óleo nela."
(Madre Teresa de Calcutá)

Senhor, eu te peço com confiança...
Que eu persista em tudo o que deseja ser conquista e
que eu resista a tudo o que ainda é injustiça.

Senhor, eu te suplico...
Que a esperança faça regar muitas sementes e
que o conhecimento e a sabedoria abram nossas mentes.

Que eu continue acreditando, Senhor...
Que todos os problemas são relativos e passageiros e
que a fé comprometida nos faz verdadeiros guerreiros.

Senhor...
Que a esperança seja o farol em alto-mar e
que a confiança seja uma lamparina acesa, que aqueça o amar.

"Se acender uma lamparina para outra pessoa, iluminará também seu próprio caminho."
(Nitiren Daishonin)

50
SONHOS EM MUITOS CORAÇÕES

"Solidariedade, amigos, não se agradece, comemora-se."
(Betinho – Herbert de Souza)

Ensina-me, Senhor, a acreditar mais no trabalho e menos na sorte e
a confiar mais nos compromissos e menos em promessas.

Desafia-me, Senhor, a dizer sim com convicção e a dizer não com firmeza e
a assumir responsabilidades e não me justificar nas facilidades.

Ensina-me, Senhor, a enfrentar os problemas como oportunidades e
a falar somente se as minhas palavras forem melhores que o silêncio.

Ajuda-me, Senhor, a simplificar em vez de estressar ou complicar e
a perdoar em vez de machucar e protelar.

Ensina-me, Senhor, a nunca perder o bom humor e
muito menos azedar a vida dos outros ou neles provocar dor.

Envolva-me e ensina-me a ter sincera empatia e compaixão e
a decisão diária de cultivar importantes atitudes na ação.

Por fim, ajuda-me, Senhor, a plantar belos sonhos em muitos corações e
a cultivá-los na certeza de bons frutos e boas realizações.

"Diga-me e eu esquecerei, ensina-me e eu poderei lembrar, envolva-me e eu aprenderei."

(Benjamin Franklin)

51
O FUTURO NO PRESENTE

"Confiar é um verbo que só se conjuga no presente."
(Edna Frigato)

Sente-se à beira do medo e um pássaro cantará para você.
Caminhe por entre a natureza e um jardim nascerá em você.

Escute a paz do silêncio e um novo jeito de ser florescerá.
Faça pausas no dialogar e uma nova percepção acontecerá.

Despeça o peso do passado e, na leveza, irá mover-se.
Esteja no presente como presente e algo novo sentirá.

Liberte-se para voos mais altos e a liberdade vibrará em você.
Abra o coração para novidades e o encanto irá acarinhá-lo.

Perca-se no olhar do amor e as pupilas se dilatarão.
Sinta a musicalidade do abraço e novos sentimentos festejarão.

Adentre-se nas águas mais profundas e a confiança sorrirá para você.
Mergulhe no sabor do sentido e o milagre do viver se eternizará em você.

Acolha o anoitecer e as estrelas brilharão para você.
Desperte com o amanhecer e o Sol nascerá em você.

"O tempo é minha matéria, o tempo presente, os homens presentes, a vida presente."
(Carlos Drummond de Andrade)

52
O CAMINHO DAS PÉROLAS

"A pérola é a autobiografia da ostra."
(Frederico Fellini)

Senhor...
Contemplando a imensidão do mar e caminhando pela praia, na musicalidade das ondas, comecei a contemplar algumas ostras.

Percebo que existe um tipo de ostras,
que estão intactas, fechadas e com boa aparência.
mas estas, mesmo lindas, não produzem pérolas.

E existe outro tipo de ostras,
com aparência diferente, marcadas pelo tempo e pela dor.
Estas, sim, produzem pérolas.

Senhor, é curioso perceber...
Que a formação da pérola no interior das ostras
começa com a ameaça e entrada de algo estranho para dentro delas.

É forte a paradoxal perceber... e aprender...
Que as ostras que não foram feridas não produzem pérolas.
As pérolas são feridas cicatrizadas, é o que permanece das dores curadas.

A dor e as feridas não são buscadas...
Elas acontecem na vida das ostras
e na história de vida de todos nós.

Senhor, a experiência da pérola é também nossa experiência...
São surpresas inesperadas e doloridas,
são expectativas frustradas e são feridas
nem sempre cicatrizadas.

No dia a dia convivemos com...

Palavras que machucam e com injustiças sem razão,
preconceitos que dividem e exclusões
sem o mínimo de compaixão.

Existem outras dores impostas...

Pelo tempo de vida e pelas adversidades,
pela idade e pelas fragilidades e
pelo dinamismo mesmo da própria natureza.

Senhor, nós não nascemos para sofrer, mas para viver.
Nascemos para atravessar as estações;
crescemos e amadurecemos para amar e para nos deixar amar.

A grande diferença do homem-pérola está...

Na grandeza de discernir tudo o que lhe acontece,
na coragem de jamais concordar com o que é injusto e desonesto e
na consciência de que das nuvens mais escuras pode cair água cristalina.

Senhor, confio no ser humano...

Que não cozinha mágoas e ressentimentos,
que não se prende ao que já passou, mas ousa olhar para frente,
que encobre e abraça a dor com consistentes camadas de amor.

Senhor, confio no ser humano porque sei que ele...

É capaz de interpretar e aprender,
é capaz de acolher e crescer,
é capaz de transformar todas as adversidades em pérolas preciosas.

"Fina é a ostra, que quando é incomodada pelo grão de areia reage produzindo pérolas."

(Rosana Hermann)

53
EU CONFIO

"Por amor a gente faz da distância detalhe, da espera segundo,
da saudade futuro, da confiança base."
(Gustavo Lacombe)

Eu confio, Senhor, mesmo quando a fragilidade aparece e o dia escurece.
Mesmo quando a aurora não aparece e os olhares entristecem.

Confio, mesmo quando as lágrimas secam e os passos pesam.
Mesmo quando a pequenez se agiganta e a dor sufoca.

Confio, mesmo quando a esperança reclama e quando me sinto na lama.
Mesmo quando o coração grita e os sentimentos esmagam.

Confio, mesmo quando os olhares cortam e quando as pessoas assustam.
Mesmo quando as crises doem e o amanhecer demora.

Eu confio porque tua graça e teu amor me ensinam...
Que é importante acreditar e recomeçar sempre de novo.
Que é divino cultivar a plantinha de novos sonhos.
Que é preciso dar tempo à sabedoria do tempo.
Que é preciso confiar na força da esperança.

Eu confio porque tua graça e teu amor me ensinam...
A não parar nunca e a persistir sempre!
A fazer de cada piscar de olho uma nova oportunidade!

"Confio no meu silêncio. Ele sabe de coisas, que até eu mesma desconheço."

(Sil Guidorizzi)

54
PELOS HOMENS E PELAS MULHERES

"Sede homens e mulheres do mundo, mas não sejais homens ou mulheres mundanos."
(Josemaría Escrivá)

Senhor, despertai nos homens e nas mulheres de hoje...
Mais dinamismo e menos acomodação,
mais valores e menos superstição,
mais liberdade e menos escravidão,
mais criatividade e menos repetição.

Despertai nas mulheres e nos homens de hoje...
Mais discernimento e menos dependência,
mais ternura e menos indiferença,
mais harmonia e menos intransigência,
mais educação e menos falta de consciência.

Senhor, ensinai aos homens e às mulheres de hoje...
Mais humanidade e menos construções,
mais caminhos e menos indecisões,
mais realidade e menos ilusões,
mais possibilidades e menos limitações.

Senhor, despertai nas mulheres e nos homens de hoje...
Mais amor e menos frieza,
mais alegrias e menos demagogias,
mais tolerância e menos violência,
mais compromisso e menos teorias.

"O Espírito do Senhor está sobre mim. Ele me escolheu para anunciar a Boa Nova aos pobres e me enviou para anunciar a liberdade aos presos, dar vista aos cegos, pôr em liberdade os que estão sendo maltratados e anunciar o ano em que o Senhor vai salvar o seu povo."

(Lucas 4,18-20)

55
HUMILDADE CORAJOSA

"Sonhe grande e se atreva a falhar."
(Norman Vaughan)

Dá-me, Senhor...

Coragem para olhar para frente e humildade para continuar sonhando.
Coragem para ser sincero e humildade para ser autêntico.

Eu te peço, Senhor...

Coragem para me arriscar e humildade para avaliar.
Coragem para ser eu mesmo e humildade para ser aprendiz.

Dá-me, Senhor...

Coragem para olhar para os outros e humildade para olhar-me por dentro.
Coragem para ser livre e humildade para ser responsável.

Eu te peço, Senhor...

Coragem para amar e humildade para deixar-me amar.
Coragem para aprender e humildade para buscar o sentido do viver.

Dá-me, Senhor...

Coragem para falar e humildade para escutar.
Coragem para acelerar e humildade para saber parar.

Eu te peço, Senhor...

Coragem para buscar novas metas e humildade para revisar possíveis erros.
Coragem para fazer várias coisas e humildade para priorizar.

Senhor...

Dá-me coragem para estender as mãos e humildade para ficar só.

Eu te peço fé para confiar e esperança solidária para persistir.

"Ser feliz é não ter medo dos próprios sentimentos. É saber falar de si mesmo. É ter coragem para ouvir um 'não'. É ter segurança para receber uma crítica, mesmo que injusta. Pedras no caminho? Guardo todas, um dia vou construir um castelo."

(Fernando Pessoa)

56
ENTRE O AMOR E O AMAR

"Porque entre o sim e o não é só um sopro, entre o bom e o mau apenas um pensamento, entre a vida e a morte só um leve sacudir de panos."
(Lya Luft)

Entre a noite e o dia... Eu prefiro a vida.
Entre o pessimista e o otimista... Eu prefiro ser realista.

Entre o nublado e o encoberto... Eu prefiro o ensolarado.
Entre a cor e o sabor... Eu prefiro uma flor.

Entre colega e companheiro... Eu prefiro o amigo.
Entre sinceridade e agrado... Eu prefiro autenticidade.

Entre seriedade e cumplicidade... Eu prefiro a felicidade.
Entre saber e conhecer... Eu prefiro compreender.

Entre explicar e justificar... Eu prefiro prosseguir.
Entre o que fiz e o que omiti... Eu prefiro o que posso fazer.

Entre enciumar e criticar... Eu prefiro diferenciar.
Entre anunciar e denunciar... Eu prefiro transformar.

Entre falar e ensinar... Eu prefiro aprender.
Entre imaginar e esperar... Eu prefiro arriscar.

Entre o "você" e o "eu"... Eu prefiro o "nós".
Entre subtrair e dividir... Eu prefiro somar e multiplicar.

Entre ouvinte e telespectador... Eu prefiro o protagonista.
Entre o certo e o errado... Eu prefiro o humano.

Entre a paixão e a ilusão... Eu prefiro o coração.
Entre o som e a fúria... Eu prefiro a dança.

Entre a fé e a esperança... Eu tenho forte tendência pelo amor.
Entre o ontem e o amanhã... Eu mergulho no hoje.

"Eu prefiro olhar para trás e dizer: eu não posso acreditar que fiz isso a dizer eu gostaria de ter feito isso."

(Clarice Lispector)

57
TRÊS PRECES

"Você tem de acordar cada manhã com determinação,
se pretende ir para cama com satisfação."
(George Lorimer)

Senhor, toda manhã eu peço que teu brilho se encontre em minha luz.
Espero que teus sonhos se cruzem em meu caminho.
Toda manhã eu agradeço e desejo que o *bom dia* da beleza se estique e
Seja o tempero de toda gentileza.

Toda tardinha, Senhor, eu peço que tua dor abrace a minha.
Espero que minha coragem fortaleça a tua.
Toda tardinha desejo que o movimento do pôr do sol
dê espaço para que o descanso possa nos refazer.

Senhor, toda noite eu peço que tua solidão se dilua na escuridão.
Espero que teu cansaço repouse em meus braços.
Toda noite eu agradeço o encontro da noite de luar
beijando suavemente as ondas do mar.

"Devia era, logo de manhã, passar um sonho pelo rosto. É isso que impede o tempo e atrasa a ruga."
(Mia Couto)

58
NOVO JEITO

"A verdadeira compaixão não significa apenas sentir a dor de outra pessoa, mas ser motivado a eliminá-la."
(Daniel Goleman)

Senhor...

Ajuda-nos para que nosso olhar seja sincero e compassivo,
e que nossas palavras sejam pensadas e consequentes.

Dá-nos tua graça para que...

Nossas atitudes sejam movidas por valores profundos e convincentes,
e que nossa ética seja fundamentada no respeito e por princípios consistentes.

Dá-nos, Senhor...

Lucidez para denunciar o erro e coragem para afirmar a vida.
Dá-nos gratidão nos lábios e entusiasmo em cada vibração do coração.

Senhor...

Ensina-nos a sermos delicados nas relações e firmes nas decisões.
Ensina-nos a sermos ternos no jeito de falar e focados na forma de caminhar e de realizar.

"No dia a dia é possível perceber limites sem deixar que eles nos limitem; conviver com fragilidades sem permitir que elas nos fragilizem. Sentir medos, mas não aceitar que eles nos determinem; sonhar bons sonhos, mas não permitir que eles adormeçam; termos problemas, mas não aceitar nem permitir que eles nos tenham."

(Canísio Mayer)

59
AS CORES DO ARCO-ÍRIS

"A alma não teria nenhum arco-íris se os olhos não tivessem lágrimas."
(John V. Cheney)

As cores do arco-íris estão nas sementes que nascem
e nas atitudes de pessoas que crescem e amadurecem.
Estão na beleza de cada amanhecer
e nas decisões que desejam o dia a dia refazer.

As cores do arco-íris estão em todas as idades e sensibilidades
e em todos os horizontes e profundidades.
Estão na afirmação da honestidade
e nos gestos de amor como expressão da mais pura gratuidade.

As cores do arco-íris estão nos rostos e na paixão
e no toque de carinho que se dá no aperto de mão.

Estas lindas cores estão nas noites de luar
e na vida que se esconde na profundidade do amar.

"Quando deixarmos de ter esperança é melhor apagar o arco-íris."
(Mário Lago)

60
SEMENTES DE ESPERANÇA

"Se gritares todos te ouvem... Se sussurrares só quem está perto te percebe...
Mas se ficares em silêncio, só quem te ama é que te ouve."
(Mahatma Gandhi)

O silêncio tem a voz que nos faz compreender,
tem a palavra que podemos dizer
e tem a atitude que no futuro queremos agradecer.

O silêncio tem os sentimentos que podemos significar,
tem a poesia que podemos declamar
e tem as lições de vida que no dia a dia desejam nos atualizar.

O silêncio tem o tempo que podemos nos dar,
tem a paz que se deixa encontrar
e tem os valores que precisamos cultivar.

O silêncio tem a lucidez que podemos acolher,
tem o termômetro pelo qual vale a pena sofrer
e tem as cortinas que se abrem para nos acontecer.

O silêncio tem a cantoria que podemos ecoar,
tem a sabedoria que precisamos alimentar
e tem as sementes da coragem que deveríamos plantar, regar
e cuidar.

"Nós escutamos o barulho do carvalho que cai, mas não escutamos o barulho da floresta que cresce. Hoje, fala-se muito das coisas que estão desmoronando, que fazem barulho, mas o importante é aquilo que não se ouve, é preciso prestar atenção às sementes de consciência que estão brotando."

(Jean-Yves Leloup)

61
PERGUNTAR E SILENCIAR

"Recordava, sobretudo, o perfume da terra quando chovia. Vendo a chuva escorrendo, perguntava-me: como sabemos que esse cheiro é de terra e não de céu?"
(Mia Couto)

Perguntei ao tempo o que é o mistério,
e uma flor insistia em contemplar uma vela acesa.

Perguntei à imaginação por que a fantasia carece de pincéis
e teclados,
e uma música me convidou para dançar sobre uma tela
ainda sem cor.

Perguntei às estrelas por que elas estão tão distantes,
e uma estrela aqueceu um novo brilho dentro de mim.

Perguntei à história por que deixou tantas cicatrizes,
e a sabedoria me fez compreender a importância de nunca
perder as raízes.

Perguntei ao passado por que ele não volta mais,
e ele trocou minhas lentes e me presenteou com uma lamparina.

Perguntei à vida por que a liberdade nem sempre é livre,
e vi um médico cortar o cordão umbilical de um recém-nascido.

Perguntei ao amor por que ele é tão desconcertante,
e senti uma brisa gotejando mais surpresas em meu semblante.

Perguntei à beleza por que ela é tão embriagante,
e um silêncio abraçou a curiosidade que acalmou meus
questionamentos.

"Muitas vezes basta ser: colo que acolhe, braço que envolve, palavra que conforta, silêncio que respeita, alegria que contagia, lágrima que corre, olhar que acaricia, desejo que sacia, amor que promove. E isso não é coisa de outro mundo: é o que dá sentido à vida."

(Cora Coralina)

62
CAMINHOS E HORIZONTES

“A borboleta conta momentos e não meses, e tem tempo de sobra.”
(Rabindranath Tagore)

Quando faltar vento, reme. Quando sobrar tempestade, confie. Quando faltar coragem, arrisque. Quando sobrar profundidade, mergulhe.

Quando faltar paciência, respire. Quando sobrar possibilidade, decida.
Quando faltar compreensão, testemunhe. Quando sobrar tensão, caminhe.

Quando faltar luz, persista. Quando sobrar escuridão, espere. Quando faltar força, solidarize. Quando sobrar sentimento, acolha.

Quando faltar paz, descubra. Quando sobrar impaciência, tolere. Quando faltar ética, testemunhe. Quando sobrar palavras, certifique.

Quando faltar coragem, peça. Quando sobrar medo, enfrente. Quando faltar esperança, reze. Quando sobrar carícia, acarinhe.

Quando faltar sabedoria, viva. Quando sobrar conhecimento, realize.
Quando faltar sonho, busque. Quando sobrar saúde, compartilhe.

Quando faltar amizade, seja. Quando sobrar dúvida, desmascare. Quando faltar inspiração, sinta. Quando sobrar cor, pinte.

Quando faltar tempo, priorize. Quando sobrar oportunidade, abrace.
Quando faltar caminho, voe. Quando sobrar obstáculo, contorne.

"Supere o espaço e tudo o que nos sobra é o Aqui.
Supere o tempo e tudo o que nos resta é o Agora."

(Fernão Capelo Gaivota)

63
NA PRUDÊNCIA DA FÉ

"A vida é muito curta para ser pequena."
(Benjamin Disraeli)

Senhor, que eu saiba silenciar em momentos de turbulência
e aprender em tempos de crise.
Escutar intuições em momentos incertos
e falar palavras sinceras em tempos certos.

Senhor, que eu saiba agradecer nos momentos felizes
e persistir em tempos difíceis.
Compartilhar em momentos de alegria
e serenar em tempos de paz.

Senhor, que eu saiba confiar em momentos de preocupações
e atravessar os tempos de escuridão.
Pacificar em momentos de contradição
e discernir em tempos de confusão.

Senhor, que eu saiba priorizar em momentos de possibilidades
e escolher o caminho certo nas encruzilhadas.
Respirar fundo em momentos de tensão e
pensar no amanhã em tempos de indignação.

Senhor, que eu saiba oferecer meu melhor em momentos
de perplexidade e
compreender em situações de contrariedade.
Ser solidário em tempos de sofrimento
e aproveitar o melhor de cada momento.

Senhor, que eu saiba sentir a vida acontecendo no tempo
e que eu aprenda a mergulhar no melhor de cada momento.

"A vida é agora. Nunca houve um momento em que a sua vida não foi agora, nem nunca haverá."

(Eckhart Tolle)

64
PONTES CONECTADAS

"Aquele que não perdoa destrói a ponte sobre
a qual ele mesmo deve passar."
(George Herbert)

Senhor, com tua graça e nossas decisões é possível...
Transformar as dores dentro de nós
em sensibilidade e solidariedade aqui fora.
Orientar nossos medos e, com eles,
construir diques de coragem aqui fora.

Senhor, com nossa dedicação e com tua graça é possível...
Regar as sementes da fé e do amor dentro de nós,
em comprometimento e em asas de confiança aqui fora.
Acelerar as coragens que vibram dentro de nós,
em vibrações e realizações aqui fora.

Senhor, com tua graça e nossas decisões é possível...
Entusiasmar o sentido da vida dentro de nós,
para que ele adquira raízes profundas aqui fora.
Derrubar os muros que nos limitam dentro de nós,
e usar este material para construir pontes aqui fora.

"O correr da vida embrulha tudo. A vida é assim: esquenta e esfria, aperta, daí afrouxa, sossega e depois desinquieta. O que ela quer da gente é coragem."
(João Guimarães Rosa)

65
TERNURA PROFÉTICA

"Não me esforço para acreditar em Deus. Esforço-me para que Deus acredite em mim."
(Sérgio Vaz)

Senhor, a força de teu espírito de amor em nossa vida
é como uma seiva que circula e aviva nossa existência.
Esta presença pode ser invisível, mas eficaz,
ela movimenta e encoraja nosso viver,
dá cor a nossas escolhas e a nosso dinamismo na missão.

A seiva viva é, ao mesmo tempo, terna e profética.
É o mesmo espírito que soprou vida na Criação de tudo,
é o mesmo espírito que deu conhecimento e lucidez aos profetas,
é o mesmo espírito que encorajou a fidelidade dos mártires e
é o mesmo espírito que venceu a morte, ressuscitando Jesus dentre os mortos.

A seiva profética e o espírito vivificador nos revelam que é possível...

Abafar uma realidade, mas jamais o sonhar.
Abafar uma iniciativa, jamais a ousadia.
Abafar uma atividade, jamais a imaginação.
Abafar uma noite, jamais o amanhecer.
Abafar uma partitura, jamais a música.

A seiva vivificadora e o espírito profético nos revelam que é possível...

Abafar o hoje, jamais o amanhã;
uma ideia, não o horizonte.
Abafar uma pessoa, não o caminho;
uma presença, não a vida.

Abafar um grito, jamais a consciência; uma realidade, não a verdade.
Abafar uma voz, não o pensamento; um poema, não a poesia.
Abafar uma oportunidade, não a busca; um momento, jamais a esperança.

Sim, abafa-se uma vivência, jamais o amor.
Abafa-se uma imagem, jamais a essência.
Abafa-se um acontecimento, jamais a memória.
Abafa-se uma verdade, jamais o brilho do sol.
Abafa-se uma planta, jamais a vida da semente.
Abafa-se uma estrela, jamais a persistência da luz.

Senhor, tua presença terna e profética faz compreender que é possível...

Abafar um olhar, jamais a paixão do coração.
Abafar o movimento, jamais a beleza da dança.
Abafar uma flor, um sentimento, um querer.
Jamais a transparência da VERDADE.
Jamais a força do AMOR.
Jamais o horizonte da LIBERDADE.

"A história da profecia é como perfume. Antes, estava dentro do frasco da vida dos grandes profetas. Agora, o frasco quebrou e o perfume se espalhou pelo povo todo."
(Milton Schwantes)

66
ENCONTRO DE CORAÇÕES

"Com o coração se pede. Com o coração se procura. Com o coração se bate e é com o coração que a porta se abre."
(Santo Agostinho)

Senhor, eu encontrei meu coração!
Encontrei meu coração na medida em que fui conhecendo teu coração.
Encontrei meu coração no coração de todas as pessoas,
que, diariamente, sintonizam a paixão de teu coração.

Encontrei a beleza de teu coração na medida em que
fui solidarizando
o sotaque de tantos corações que amam de coração.
Encontrei meu coração na compreensão de teu coração
e nos corações que amam com toda a coragem de seu coração.

Encontrei meu coração no coração de quem encontrou
meu coração e
no coração de cada um que encontrou a originalidade
de seu coração.
Encontrei meu coração no coração dos que fazem
as coisas com coração.

Não foi fácil, Senhor, mas eu encontrei meu coração de tanto que o busquei.
Encontrei meu coração, mas ele não mais me pertence.
Meu coração abraça teu coração e o coração dos que estão em busca de seu coração.

Senhor, hoje eu sinto teu coração nas pulsações de meu coração
e encontro meu coração em teu coração.
Sim, eu encontrei e continuo encontrando meu coração,
e espero nunca mais perdê-lo.

"Dar-vos-ei um coração novo e em vós porei um espírito novo; tirar-vos-ei do peito o coração de pedra e dar-vos-ei um coração de carne."

(Ezequiel 36,26)

67
ACONTECIMENTOS E MOMENTOS

"Tentaram nos enterrar, mas não sabiam que éramos sementes."
(Provérbio Mexicano)

Senhor, no momento do viver há um tempo...
Para pensar e para agir, para sonhar e para realizar.
Para participar e para avaliar, para caminhar e para pausar.
Há um tempo para trabalhar e um tempo para descansar.

Nos momentos dos acontecimentos...
Há um tempo para preparar a terra e para confiar na chuva.
Um tempo para plantar e para regar, para cultivar e colher.
Há um tempo para contemplar e para internalizar.

Senhor, como é importante compreender os ciclos no próprio tempo...
Tempo para nascer e para aprender,
para crescer e amadurecer,
Um tempo para compreender e para perdoar,
para sentir e para reagir e
sempre é tempo para ser e para agradecer.

Nos momentos do momento do viver, Senhor...
Convivemos para aprender a viver, silenciamos para escutar,
imaginamos para criar e desapegamos para libertar o voo.

Senhor, no mergulho do Mistério Pascal e na experiência das sementes,
é possível compreender que é preciso morrer.
Sim, morrer para nascer melhor.

“Quando morre uma flor, nasce uma semente; quando uma semente morre, nasce uma planta. E a vida continua o seu caminho, mais forte do que a morte.”

(Rabindranath Tagore)

68
PRECE DE ESPERANÇA

"Esperança é a paciência com a lâmpada acesa."
(Tertuliano)

Senhor, que nossas palavras não sejam vazias
e que nossa esperança não seja ilusória.
Que nossa seriedade seja terna e não nos tire o bom humor
e que nosso jeito de ser não endureça o coração na forma de proceder.

Senhor, faça com que nossa segurança venha da confiança
e que nossa riqueza seja nossa fé e nossa partilha,
Que nossas metas sejam possíveis, nossa ousadia realista
e que nossos sonhos encontrem terreno fértil.

Que nosso olhar seja terno, Senhor, e
que a paciência seja sábia, o amor seja eterno.
Que nosso sorriso seja verdadeiro, as palavras firmes
e que a vivência de nossa fé eternize a vida.

Senhor, que nossos medos sejam superados
e os limites ultrapassados
e que nossa vida faça sentido e seja fonte de esperança.
Que nossa atitude seja de aprendiz
e que as amizades sejam autênticas.

Senhor, que nossos desafios sejam enfrentados
e que os projetos de vida sejam realizados.
Senhor, que minha história seja fonte de vida
na história de muitos
e que os valores sejam verdadeiros, as relações ternas
e a consciência transparente.

"Desejo que você plante uma semente, por mais minúscula que seja, e acompanhe o seu crescimento, para que você saiba de quantas vidas é feita uma árvore."

(Victor Hugo)

69
PRESENÇAS DE VIDA

"Você nunca tem um desejo sem também ter o poder de torná-lo realidade."
(Richard Bach)

Senhor, ilumina nossa vida para que sejamos...
Calor que aproxima e ternura que afaga,
olhar que compreende e alegria que entusiasma,
saber que constrói e firmeza que orienta,
palavra que encoraja e amor que promove.

Ilumina nossas atitudes, Senhor, para que sejamos...
Mão que se estende e abraço que perdoa,
coração que acolhe e compromisso que une,
diferença que enriquece e novidade que encanta,
consolo que conforta e silêncio que respeita.

Senhor, desejamos e queremos ser...
Noites que descansam e dias que amanhecem,
desejos que saciam e incentivos que encorajam,
sentimentos que florescem e desejos que desejam,
amor que ama e presença que dê sabor.

*"Para lidar consigo mesmo, use a cabeça;
para lidar com os outros, use o coração."*
(Karl Rahner)

70
ACENDER VELAS PELO CAMINHO

"O que estraga a felicidade é o medo."
(Clarice Lispector)

Com o acordar da esperança, na orquestra da natureza, e, com o nascer de um novo dia, a luz vence a escuridão.

Senhor, tua graça e teu amor em nossa vida...
Fazem despertar a esperança, abrir os olhos e levantar a cabeça, fazem olhar para os lados, unir as mãos e encarar a vida.
Fazem compreender que a luz que brilha em nossos olhos é mais forte que a dor.
Fazem regar a esperança em nosso coração, que é mais potente que o medo.
Fazem decidir pela solidariedade, que é mais generosa que a tentação de ficar só.

Senhor, que não tenhamos medo de entrar nesta roda amiga, não resistir em voar nas asas desses novos horizontes.
Tua presença e o toque de sua mão amiga fazem-nos mais fortes, fazem-nos arriscar novos caminhos e plantar belos sonhos em muitos corações.

Venham e uniremos as mãos, pois unidos somos mais fortes.
De mãos dadas, irrigaremos nosso chão e perfumaremos nossos sonhos.
De mãos dadas, nosso coração bate forte e nossos passos são confiantes.
Sim, de mão na mão, faremos pulsar a vida e dançaremos um mundo novo.
De mão na mão, professamos que o dia vai nascer e a verdade vai vencer.

Venham cantar e vamos morar nesta canção, estendam suas mãos e juntos alargaremos corações.
Venham escrever seus versos na areia e pintar seus sonhos em terra firme, nas estrelas, nos corações e na multidão.

Tragam suas flores, seu perfume, sua mochila, venham inteiros, com bom humor e alegria.
Acendamos velas pelo caminho e façamos de mãos dadas a vida florescer.

"Façamos o que pudermos e, se não pudermos, peçamos a Deus para que possamos."
(Santo Agostinho)

BIBLIOGRAFIA

Alguns dos Livros de CANÍSIO MAYER

O que dá sentido à sua vida. São Paulo, SP: Editora Ideias e Letras, 2019.

Não soluce, solucione: A importância de tomar boas decisões. São Paulo, SP: Paulus Editora, 2015.

Viver e Conviver: Dinâmicas e Textos para diferentes momentos. São Paulo, SP: Paulus Editora, 1998.

A Vida em Poesia. Aparecida, SP: Editora Santuário, 2013.

Amor em Poesia. Aparecida, SP: Editora Santuário, 2015.

No Sotaque do Andar: Roteiros de encontros de formação. Nova Petrópolis, RJ: Editora Vozes, 2005.

No Sotaque do Amar: Roteiros de encontros de formação. Nova Petrópolis, RJ: Editora Vozes, 2005.

Dinâmicas cinco estrelas. São Paulo, SP: Paulus Editora, 2008.

Sabedoria Poética. Livro de Poesias. São Paulo, SP: Paulus Editora, 2010.

A Educação em Poesia. São Paulo, SP: Paulus Editora, 2014.

Só por Hoje: 365 dicas de vida. São Paulo, SP: Paulus Editora, 2015.

Poéticas de Varanda: 3500 frases de sabedoria de vida. São Paulo, SP: Paulus Editora, 2015.

Sonhos em Poesia: Livro de Poemas. São Paulo, SP: Paulus Editora, 2009.

Encontros que Marcam: Dinâmicas, encontros, exercícios, mensagens, reflexões, 4 ed. São Paulo, SP: Paulus Editora, 2001.

Dinâmicas de grupo: Ampliando a capacidade de interação. 2 ed. Campinas, SP: Editora Papirus, 2005.

Dinâmicas Criativas. São Paulo, SP: Vetor editora, 2012.
Por uma educação de valor. São Paulo, SP: Paulinas, 2012.
O poder de transformação. Campinas, SP: Papirus Editora, 2007.
Dinâmicas para desenvolver o crescimento pessoal e coletivo. Nova Petrópolis, RJ: Editora Vozes, 2007.
Manual de Dinámicas: Dinámicas creativas para diferentes momentos de la vida. México, Distrito Federal: Palabra Ediciones, 2008.
Na Dinâmica da Vida: Livro de Dinâmicas de Grupos. Nova Petrópolis, RJ: Editora Vozes, 2004.
Dinâmicas de grupo e Textos criativos. Nova Petrópolis, RJ: Editora Vozes, 2007.
100 Orações para os melhores momentos da vida. Aparecida, SP: Editora Santuário, 2013.
Dinâmicas Pedagógicas. São Paulo, SP: Editora Ideias e Letras, 2015.
Entre outros, em vias de publicação.

SOBRE O AUTOR

Nasci brasileiro, em terras gaúchas, mas meu coração bate ligeiro e tem um pedacinho morando em diferentes locais do Brasil, como também na França, México, Paraguai, Uruguai, Alemanha. E não poderia ser de outra forma: estudei e trabalhei em diversas cidades brasileiras e fora do Brasil.

Aprendi, desde cedo, a amar a vida e aprender a saborear o que ela tem de melhor. Gosto de aprender sempre e aprender sobre a vida, os sonhos, os desafios e a cultura das pessoas.

Cursei Filosofia e Teologia em Belo Horizonte, MG, e fiz meu Mestrado em Paris, França. Já coordenei o Instituto da Pastoral de Juventude e o Colégio Anchieta, ambos de Porto Alegre. Atuei em diversos projetos de cidadania no sul do Brasil, em Belo Horizonte, São Paulo, México e França.

Em minha jornada de vida me tornei educador, conferencista, coordenador de cursos, poeta e escritor.

Quis que meu trabalho ajudasse as pessoas a viverem melhor e que pudesse despertar o que há de mais bonito nelas. E esse desejo me impulsionou a ministrar palestras sobre diversas temáticas e a coordenar vários cursos de formação. Desejo que me impulsiona até hoje.

Peguei o gostinho pela vida de escritor. Minha mente e meu coração precisam estar envolvidos com um trabalho de criação, da mesma forma que meu corpo precisa de oxigênio para viver. Sou autor de 38 livros e de diferentes gêneros. São livros de dinâmicas de grupos, de orações, de poesias; livros sobre temas centrais do viver, tais como: sentido da vida, tomar decisões acertadas, atitudes pedagógicas para pais e educadores, entre outros.

Atualmente, resido na cidade de São Paulo, onde exerço diversos trabalhos em diferentes áreas. Além de educador, coordeno cursos sobre os mais variados temas: empatia, sentido da vida, decidir bem, mística de vida, dinâmicas de grupo... Faço o que amo e amo o que faço.

ÍNDICE

Este livro foi composto com as famílias tipográficas Rosarivo, Source Sans e Trajan Pro
e impresso em papel Book Ivory 65g/m² pela **Gráfica Santuário.**